QINGSHAONIAN FAZHI JIAOYU
SHIJIAN JIDI JIANSHE PEIBEI BIAOZHUN YANJIU

青少年法治教育实践基地建设配备标准研究

张　瑜◎著

法律出版社
LAW PRESS · CHINA
北京

图书在版编目(CIP)数据

青少年法治教育实践基地建设配备标准研究 / 张瑜著. -- 北京 : 法律出版社, 2023
ISBN 978-7-5197-7080-8

Ⅰ. ①青… Ⅱ. ①张… Ⅲ. ①社会主义法制-法制教育-研究-中国 Ⅳ. ①D920.5

中国版本图书馆 CIP 数据核字(2022)第 169700 号

青少年法治教育实践基地建设配备标准研究
QINGSHAONIAN FAZHI JIAOYU SHIJIAN JIDI JIANSHE PEIBEI BIAOZHUN YANJIU

张瑜 著

责任编辑 张红蕊
装帧设计 汪奇峰

出版发行 法律出版社
编辑统筹 法规出版分社
责任校对 冯高琼
责任印制 耿润瑜
经　　销 新华书店

开本 A5
印张 7.75 **字数** 154 千
版本 2023 年 2 月第 1 版
印次 2023 年 2 月第 1 次印刷
印刷 三河市兴达印务有限公司

地址:北京市丰台区莲花池西里 7 号(100073)
网址:www.lawpress.com.cn
投稿邮箱:info@lawpress.com.cn
举报盗版邮箱:jbwq@lawpress.com.cn
销售电话:010-83938349
客服电话:010-83938350
咨询电话:010-63939796

书号:ISBN 978-7-5197-7080-8 **定价**:78.00 元

凡购买本社图书,如有印装错误,我社负责退换。电话:010-83938349

序

青少年是祖国的未来、民族的希望。加强青少年法治教育，有利于广大青少年学生从小树立法治观念，养成自觉守法、遇事找法、解决问题靠法的思维习惯和行为方式。从这个意义上讲，青少年法治教育是全面依法治国、加快建设社会主义法治国家的基础工程，是在青少年群体中深入开展社会主义核心价值观教育的重要途径，是全面贯彻党的教育方针、促进青少年健康成长、培养德智体美劳全面发展的社会主义建设者和接班人的客观要求。

习近平总书记高度重视青少年法治教育，他在中央全面依法治国工作会议上专门强调，普法工作要在针对性和实效性上下功夫，特别是要加强青少年法治教育，不断提升全体公民法治意识和法治素养。党的十八届四中全会强调“把法治教育纳入国民教育体系”，青少年法治教育事业迎来重要战略发展机遇期。

近年来，教育系统多措并举深入开展青少年法治教育。2015 年，我作为首席专家承担了教育部重大攻关项目《青少年法治教育大纲》（以下简称《大纲》）的研制任务。2016 年 6 月，《大纲》正式印发，为推动法治教育纳入国民教育体系、提高法治教育的系统性和科学化水平奠定了基础。随后，围绕推动青少年法治教育的体制机制、方式方法改革创新，为全面提高青少年法治教育的针对性、实效性，国家和地方层面开展了一系列改革和探索，加强青少年法治教育基地建设就是其中的重要举措之一。2016 年 9 月，教育部、最高人民法院、最高人民检察院、公安部、司法部、全国普法办、共青团中央联合印发《教育部等七部门关于加强青少年法治教育实践基地建设的意见》（教政法〔2016〕16 号，以下简称《加强实践基地建设的意见》）。《意见》指出，要完善实践基地的建设标准，积极推动青少年法治教育实践基地成为拓宽教育途径、丰富教育资源、创新教育方法的校外法治教育重要阵地。随之，研制青少年法治教育实践基地建设相关标准规范提上日程。

该书正是基于这种新形势新需要，在教育部政策法规司委托课题任务基础上的理论政策研究成果，是在《大纲》基础上对青少年法治教育政策理论研究的深化。书中对新时代、新形势下青少年法治教育实践基地的政策理论、资源区和功能区设置、硬件软件配备、空间建设、信息化建设等重点内容进行了系统研究,尤其是在教育信息化、教育资源数字化建设背景下对教育内容资源与技术装备配备“软硬件”进行了一体化思考与探索,这对未来法治教育技术与资源工作的融合发展有着较大启发意义。

本书具有如下特色:

一是坚持坚定正确政治方向,引导青少年学生爱党、爱国、爱社会主义。书中对青少年法治教育实践基地建设配备标准的研究将政治标准放在首位,以习近平新时代中国特色社会主义思想和习近平法治思想为指导,全面贯彻党的十九大和十九届历次全会精神,以社会主义核心价值观为引领,深入贯彻落实中央全面依法治国委员会历次会议精神,全面贯彻落实习近平总书记关于加强青少年法治教育及《民法典》宣传教育的重要讲话精神,突出中国特色、实践特色、时代特色。

二是以立德树人为根本任务,将社会主义核心价值观贯穿青少年法治实践教育全过程。书中对青少年法治教育实践基地建设配备标准的研究始终坚持全面贯彻落实党和国家的教育方针,深入推进法治教育与道德教育有机结合,将社会主义核心价值观融入法治教育实践基地建设的全过程,融入教学、科研、实践探索的各个环节,引导青少年学生从中华民族传统美德中汲取道德滋养,从英雄人物和时代楷模身上感受道德风范,尊重热爱生命、尊崇公序良俗、保护生态环境,树立诚信意识和规则意识。

三是强化问题导向,着力提升法治教育的针对性和实效性。书中聚焦当前青少年法治教育的难点问题和薄弱环节,以培养"德智体美劳全面发展的社会主义建设者和接班人"为根本目标,坚持正面引导激励,以宪法、民法典、未成年人保护法、教育法、义务教育法等法律法规为主要内容,努力克服"宣贯式""恐吓式"教育模式的弊端,引导学生养成自觉守法、遇事找法的行为习惯。在技术手段层面,注重应用现代信息技术创新丰富法治教育的方法和途径,通过推广情景式、体验式、参与式教学等方式,着力提升法治教育的吸引力与感染力。

四是加强统筹规划,推动建立法治教育资源协同共享机制。书中建议,青少年法治教育实践基地建设配备应注重全面规划、分类推进,坚持普适性与特色化并行,鼓励各地结合实际条件和具体需求,自主设置具有本地特色的专题功能区;贯彻新发展理念,引导各地统筹整合爱国主义教育、安全教育、科学教育、国防教育等校外研学实践基地(营地)和各类校外活动场所,充分利用博物馆、展览馆、科技馆等资源,健全完善青少年法治实践教育机制。

该书对青少年法治教育实践基地建设配备标准的研究较为系统完善，在思想性、独创性方面首屈一指，理论与实践价值均比较高。

是为序。

教育部青少年法治教育协同创新中心主任

国家法律职业考试事务中心主任

华东政法大学原党委书记、教授、博士生导师

目录

第一章　青少年法治教育的发展历程

中华人民共和国成立以来，我国的青少年法治教育与政育、德育相伴而生，随着全民普法规划的实施而深化发展，历经法律常识普及、法制教育、法治教育三个发展阶段。随着党的十八届四中全会提出“把法治教育纳入国民教育体系”，法治教育不断步入科学化、体系化、规范化的发展轨道。进入新时代新的发展阶段，面向未来的青少年法治教育，应以习近平新时代中国特色社会主义思想为指导，认真落实习近平法治思想，深入贯彻习近平总书记关于教育的重要论述，逐步构建以宪法教育为核心、以民法典教育为重点的青少年法治教育体系。

一、青少年法治教育与全民普法

全民普法是全面依法治国的长期基础性工作。我国青少年法治教育作为全民普法工作的重要内容，随之萌生并发展。“普法”顾名思义“普及法律常识”，源自1985年《中共中央宣传部、司法部关于向全体公民基本普及法律常识的五年规划》（以下简称《国家“一五”普法规划》）。从“二五”普法规划[1]起，随着全民普法的推进，其内涵、形势、任务、要求都在更新和拓展，也体现在规划文件标题方面，“三五”普法规划至“六五”普法规划期间，“普及法律常识”发展为“法制宣传教育”，“七五”普法规划至“八五”普法规划后，“法制宣传教育”发展为“法治宣传教育”。即便如此，“×五”普法的简称一直沿用至今。制定和实施五年普法规划是党领导全民普法的重要方式，通过系统梳理和总结改革开放四十多年来我国“一五”普法规划到“八五”普法规划期间的历史发展脉络，进一步凝练和明晰青少年法治教育未来发展的方向。

（一）启蒙启动阶段：改革开放初期、“一五”普法

法治教育的概念随着我国社会实践的发展而不断丰富和深化，其内涵具有历史承继性及时代发展性，是在不断扬弃及创新的过程中形成的科学概念。我国青少年法治教育作为法

---

〔1〕 本书中涉及的“×五”普法，指中宣部、司法部等部委制定的涉及该五年的普法规划文件。

治宣传教育和全民普法教育的重要组成部分,随着时代进步和社会发展不断发展演进。[1] 1980 年,邓小平同志在中央工作会议上首次正式提出"法制教育"一词,法治教育开始正式登上青少年教育的舞台。

法治教育分为法制教育与法治教育两个发展阶段。"法治教育"早期的发展阶段主要是"法制教育",换言之,"法治教育"的前身为"法制教育",也就是法律制度的教育,这是特定历史阶段的政治、经济、文化等因素综合作用的结果,这一阶段侧重法律知识的传授,即知晓法律"是什么"。"法制教育"发展到"法治教育"阶段,法治教育进入了新时代,纳入国民教育的范畴,以培育和践行社会主义核心价值观为主线,以宪法教育为核心,以民法典教育为重点,将法治教育融入学校教育的各个阶段,更为侧重培育法治观念和提升法治素养,使尊法、学法、守法、用法成为青少年的共同追求和自觉行动。

改革开放初期处于青少年法制教育的萌芽生发阶段,这一时期的法制教育更为注重预防青少年违法犯罪问题,教育内容以刑事治安法律法规为主。十一届三中全会召开后的几年,我国的法制建设迎来了历史性的转折点,同时也是法制教育事业新的历史起点。这一时期的首要任务是拨乱反正,当时的青少年法制教育重点在政治方面,具有强烈的阶段性、运动性、工具性特征。在教育层面,肃清"四人帮"对青少年的荼毒,对法制教育认识层面的纠偏,都是教育工作的重点。

---

[1] 王敬波:《号脉青少年法治教育》,载《中国德育》2014 年第 22 期。

改革开放以后，不断增多的违法犯罪案件使党和国家认识到法律宣传的重要性，在 1983 年开始“严打”活动。邓小平同志意识到青年人犯罪增多问题，提出“法制教育要从娃娃开始，小学、中学都要进行这个教育，社会上也要进行这个教育”。1985 年对于普法、青少年法治教育具有肇始之功。1985 年 6 月，全国法制宣传教育工作会议在北京召开，这是 1949 年以来我国第一次专门讨论法制宣传教育工作的全国性会议。1985 年 11 月 5 日，中共中央、国务院转发中央宣传部、司法部下发的《国家“一五”普法规划》的通知。1985 年 11 月 22 日，六届全国人大常委会第十三次会议通过并作出《关于在公民中基本普及法律常识的决议》[1]。时任司法部负责人在《决议〈草案〉的说明》中指出，青少年犯罪在不断增多，这使得加强对青少年普法宣传的重要性更加凸显。因此，“一五”普法规划期间的青少年法治教育的重点为青少年的法律知识普及和预防犯罪工作。

《国家“一五”普法规划》从宏观方面明确了全民普法对于我国人民政治生活、社会主义精神文明建设的重要意义，将青少年作为普法的重点对象，青少年普法为普法工作的重中之

---

〔1〕《决议》除了明确对所有学生进行积极同违法犯罪行为作斗争的普法教育的要求之外，还结合教育规律，首次对各阶段、各学段的青少年普法重点进行分类规定。其中，明确小学普法应结合思想品德课进行，重点为法制启蒙教育，注重普及交通管理规则和治安管理处罚条例中的有关常识；对小学高年级学生进行有关违法犯罪简单概念的普法教育；中学重点普及宪法和刑法等有关法律知识；大学学生重点学习法学基础理论和与本专业有关的法律知识。

重。同时，明确了学校是普法的重要阵地，遵循教育规律，对各级各类大学、中学、小学法制教育课程提出了分层化、针对性的要求。但结合当时“严打”的社会背景，“一五”普法规划期间的法治教育工作具有典型的运动性特征。[1] 具体来说，呈现出如下特点：

一是法制教育与预防青少年违法犯罪相结合，以刑法和治安法规的教育为重点。1979 年，中共中央转发《中央宣传部、教育部、文化部、公安部、国家劳动总局、全国总工会、共青团中央、全国妇联关于提请全党重视解决青少年违法犯罪问题的报告》，提出加强青少年教育，预防青少年违法犯罪，要求全党、全社会都要重视教育事业，加强对青少年的理想、道德、纪律和法制教育。这里的法制教育，主要包括刑法和治安法规的教育。

二是法制教育作为思想品德和政治理论课教学的重要内容，突出法律常识的学习和法律观念的培养。1985 年 8 月，中共中央发出《关于改革各级学校思想品德和政治理论课教学的通知》，决定在小学阶段进行以“五讲四美”和“五爱”为中心的教育，明确将政治教育作为核心，法制教育包含在思想政治教育之中。[2] 由此可见，该阶段的法治教育借助普法宣传与

---

〔1〕 张华：《青少年法制教育：困境与转型》，载《中国青年社会科学》2015 年第 3 期。

〔2〕 思想政治教育包括法律常识在内的社会常识和社会公德教育，小学阶段的政治课包括法律常识。在中学阶段进行民主和法制、纪律教育，使学生了解并遵守社会主义民主、社会主义法制和民主集中制的原则，树立遵守法律和纪律的观念。参见蒋淑波、李店标：《高校法制教育的五个转向研究》，载《思想政治教育研究》2017 年第 2 期。

德育理论复苏的“东风”，呈现出很强的从属性和依附性。

三是提出解决课程设置、编写教材、青少年权益保护等问题。1985 年 10 月，中共中央发出《关于进一步加强青少年教育预防青少年违法犯罪的通知》。该《通知》指出，青少年法制教育要结合落实《国家“一五”普法规划》的要求，教育和司法行政等部门尽快解决课程设置和编写教材等问题。同时，提出抓紧按照宪法对青少年权益保护条款的要求，制定保护青少年的相关法律，切实保障青少年的合法权益。

（二）稳步推进阶段：“二五”普法、“三五”普法

从国家的法制发展背景来看，“二五”普法规划期间党和国家对于法制的认识及定位有了重要发展。1997 年，党的十五大将“依法治国”确定为党领导人民治国理政的基本方略，1999 年《宪法修正案》将其写入宪法，明确“实行依法治国，建设社会主义法治国家”。随着国家各项工作逐步走上法制化的轨道，不断实现了国家政治生活、经济生活、社会生活的法制化、规范化。“法制宣传教育”替代“普及法律常识”，工作重点和目标从“学法”拓展到“学法、用法、守法、护法”。

经历“一五”普法规划期间的萌芽与启动，到“二五”普法、“三五”普法后法制教育制度的体系框架逐渐清晰、成型，明确要求法制教育要系统化、体系化，提出要保证大纲、课时、教师、教材等内容。在 1990 年启动的《国家“二五”普法规划》和 1996 年启动的《国家“三五”普法规划》的实践推动下，教育

法、未成年人保护法、预防未成年人犯罪法等涉及青少年权利义务的重要法律相继出台，青少年法制教育迎来重要发展期，在全国高校及中小学得以“生根”并快速“生长”，呈现如下特点：

一是更为重视法制教育的系统性。《国家“二五”普法规划》中提出，大、中、小学校要进一步完善学校的法制教育体系，努力实现法制教育系统化，增强学生的法制观念。《国家“三五”普法规划》中明确，将普法由一种宣传活动转化为一项常规性和长远性方针政策；同时，突出指导性，增加普法规划的指导思想，即明确“以邓小平同志建设有中国特色社会主义理论为根本指针，坚持党的基本路线”的指导思想。《国家“三五”普法规划》中明确要求，大、中、小学校把法制教育列为学生的必修课，首次提出法制教育的基本标准——“四有”，即“教学有大纲”“学习有教材”“任课有教师”“课时有保证”。

二是将法制教育纳入德育的重要内容。相较于“一五”普法规划中法治教育对德育教育的依附性、非独立性，此阶段青少年法制教育的独立价值及专业性开始凸显，明确“学校德育工作要有法制保障”[1]。

三是普法工作及法制教育中更为突出对宪法的普及和教育。《国家“二五”普法规划》中提出，“在全体公民中继续深入学习宪法”。《国家“三五”普法规划》中强调，“继续开展宪法

---

〔1〕 1994年颁布的《中共中央关于进一步加强和改进学校德育工作的若干意见》。

知识和与公民工作、生活密切相关的基本法律知识以及与维护社会稳定有关的法律知识教育。"1994 年 8 月中共中央印发的《关于进一步加强和改进学校德育工作的若干意见》中提出，"大力加强法制教育特别是宪法的教育"。

四是对不同阶段青少年的法制教育采取不同的方针。同时，要求教师采用多元化的方式，保障法制教育的效果。

五是法制教育的范围由校内拓展到校外，强调以第二课堂以及实践参与的方式提升法制教育的效果。

（三）深化拓展阶段："四五"普法、"五五"普法

随着依法治国被写入宪法，对法制教育的理解随着对法治理解的深化而不断发展。这一阶段正值我国从党的十五大到党的十七大期间，是青少年法制教育拓展深化、综合提高的十年。这种拓展既有领域上广度上的横向拓展，也有程度上深度上的纵向拓展，属于制度体系的"强筋健骨"期。从培养"法制观念""法律意识""法律素质"到培养"法治精神""法治理念"，从"学法守法用法"到"学法尊法守法用法"等目标任务的变化，都反映出青少年法制教育的内涵外延及形势任务的发展，开始注重引导青少年树立社会主义法治理念和法治意识。在法制教育拓展深化、综合提高的同时，更加注重实践的育人功能，提出法制教育与法制实践相结合。

一是从培养目标上，逐渐从法律常识、法律知识发展到更为关注更高层面的法律意识和法律素质。2001 年，《国家"四

五”普法规划》启动实施，要求青少年学生在“法律素质的养成”上下功夫。“五五”普法规划继而提出，加强青少年法制宣传教育，着力培养青少年的法制观念。[1]

二是注重法制教育与道德教育的紧密结合，法制教育有更为独立和重要的价值。《国家“四五”普法规划》提出，把法制教育和思想道德教育紧密结合起来，把依法治国与以德治国紧密结合起来，促进民主法制建设和精神文明建设。教育部2001年下发的《关于印发〈九年义务教育小学思想品德课和初中思想政治课课程标准（修订）〉的通知》指出，八年级强调对学生进行富有成效的法制教育，增加“预防未成年人犯罪法”的教学内容和要求。2002年《关于加强青少年学生法制教育工作的若干意见》对在青少年中开展“四五”普法工作进行指导，强调要坚持“法制教育与思想政治教育”相结合。2004年，党中央、国务院《关于进一步加强和改进未成年人思想道德建设的若干意见》提出，“要把思想品德教育与法制教育紧密结合起来，使二者有机统一，相辅相成”。

三是更为注重法制教育体系建设的落实情况和实际成效。从《国家“三五”普法规划》的“四有”发展到《国家“四五”普法规划》的“四落实”。[2] 2007年中央宣传部、教育部、司法部、全国普法办联合颁布的《中小学法制教育指导纲要》对在中小

---

〔1〕 要注重中小学生的法律启蒙和法律常识教育，培养自我保护意识，提高分辨是非的能力，养成守法习惯；加强大中专学生法律基础理论教育，牢固树立崇尚法律、遵守法律的意识，增强法制观念。

〔2〕 即要求开设法制教育课程做到计划、课时、教材、师资“四落实”。

学中落实《国家“五五”普法规划》提出了系统全面的要求，其中，对中小学法制教育的内容进行了系统、细化的设计，明确学科教学、专题教育、课外活动、个别辅导是大中小学法制教育的实施途径，同时，提出了组织措施、资源利用、队伍培训、社会支持等保障措施。

四是更加注重法制实践、法治实践教育，强调学校、社会、家庭几方应形成合力。《国家“五五”普法规划》中提出，充分利用各种教育阵地，增强青少年法制教育的引导性、互动性和趣味性。《中小学法制教育指导纲要》也强调，采取多种方式为学生提供了解和参与法制实践的机会，教育和引导学生在实践当中掌握法律知识，领会法治理念，提高法律素质。

五是更加注重尊重教育规律，更为突出法制教育的针对性和实效性。《国家“五五”普法规划》提出，根据不同年龄阶段学生的生理、心理特点和接受能力，有针对性地开展法制教育。2007 年《中小学法制教育指导纲要》提出了法制教育的“三贴近”〔1〕“一结合”〔2〕“一整合”〔3〕。

（四）新时代全面发展阶段：“六五”普法、“七五”普法

这一阶段的青少年法治教育有了新的时代背景，具有划时代的意义。2014 年 10 月 23 日，党的十八届中央委员会第四

---

〔1〕 即贴近实际、贴近生活、贴近学生。

〔2〕 即法律知识教育与法制实践教育相结合。

〔3〕 即与学科教育及各种教育活动进行整合。

次全体会议通过了《中共中央关于全面推进依法治国若干重大问题的决定》(以下简称《依法治国若干重大问题的决定》),强调了全民普法工作作为依法治国长期基础工作的重要性,并将“法制宣传教育”表述改为“法治宣传教育”,同时,在前三个阶段持续发展的基础上,提出“将法治教育纳入国民教育体系”,明确应在中小学设立法治知识课程。

随着中国特色社会主义法治事业进入新时代,青少年法制教育进入法治教育新时代。2016 年 6 月,教育部、司法部、全国普法办联合印发《青少年法治教育大纲》,明确了从义务教育到高等教育各阶段加强法治教育的任务,构建“大中小”一体化、有效衔接的法治教育体系,系统规划和科学设计了法治教育的目标定位、原则要求和实施路径,着力提高青少年法治教育的系统化、科学化水平。[1]

新的发展阶段,法治教育的地位更加重要,理念及目标更加明晰,制度机制进一步建立健全,教育特色和专业化进一步增强,法治教育资源和形态更为丰富,更加重视法治实践、法治教育实践基地建设及新型法治教育空间的构建,注重将现代信息化教育技术运用到法治教育资源建设、实践基地建设及全国

---

〔1〕 2014 年,党的十八届四中全会提出“全面推进依法治国,总目标是建设中国特色社会主义法治体系,建设社会主义法治国家”。与此相适应,党的十八届四中全会改变了 1980 年邓小平在中央工作会议上“法制教育”的提法,首次提出“法治教育”的概念,强调“深入开展法治宣传教育”“把法治教育纳入国民教育体系”“把法治教育纳入精神文明创建内容”。参见《中共中央关于全面推进依法治国若干重大问题的决定》,载《人民日报》2014 年 10 月 29 日。

青少年普法平台建设中,法治教育制度体系向系统化、科学化、精细化发展,健全了学校、家庭、社会"三位一体"的青少年法治教育格局。

一是明确青少年法治教育是培养社会主义合格公民的重要基础和内容。《国家中长期教育改革和发展规划纲要(2010—2020年)》提出,要加强对学生的"公民意识教育,树立社会主义民主法治、自由平等、公平正义理念,培养社会主义合格公民"。《国家"六五"普法规划》提出,"根据青少年的特点和接受能力,结合公民意识教育,有针对性地开展法制宣传教育,引导青少年树立社会主义法治理念和法治意识,养成遵纪守法的行为习惯,培养社会主义合格公民"。这意味着通过教育持续性、渐进性、专业性的优势,实现法治的育人功能,使青少年顺利成长为具有法治思维和法治信仰的现代公民。[1]

二是更为重视多形式、多主体、多渠道合力提升青少年法治教育的实效性。《国家"六五"普法规划》中提出,整合各种社会法制教育资源,建立多种形式的青少年法制教育基地,重视运用互联网等传播手段丰富青少年法制宣传教育的途径和形式;发挥中小学校兼职法制副校长、法制辅导员作用,加强青少年权益保护、预防和减少青少年违法犯罪等有关法律法规宣传教育。

三是制定我国首部关于青少年学生法制教育工作的专门

---

〔1〕 邹楠:《新形势下对中小学法治教育的若干思考——基于部编版〈道德与法治〉教材的特征分析》,载《思想政治课研究》2018年第4期。

性规范性文件。2013 年 6 月，教育部、司法部、中央综治办、共青团中央和全国普法办联合发布《关于进一步加强青少年学生法制教育的若干意见》，在原有政策法规文件的基础上对各级学校的普法教育任务提出详细了目标和具体要求，对教材、教育部全国青少年普法网、法制教育校外实践基地等资源建设提出了原则性要求，并提出探索设立法治教育专职岗位等加强队伍建设措施及纳入督导评价的相关要求。[1] 这是近年来有关我国青少年普法工作最为系统的政策规定，对“六五”普法规划期间及之后的青少年普法工作具有重要的引领、指导和规范作用。

四是开始强调中小学教师的法制建设及法制教育教师的培养，分为两个方面：一方面，全体中小学教师的法制教育突出全员性，通过将法律内容纳入教师资格考试，实施中小学教师法制培训等措施；另一方面，2013 年 6 月，教育部发布《关于全面加强教师法制教育工作的通知》，其中要求重点培养一批青

[1] 其中，对落实青少年法制教育的支持性资源和保障性条件提出了进一步细化要求。《意见》明确提出，倡导地方和学校基于学生的身心特点，积极开发具有“地本”“校本”特色的法治教育教材，提出要加强包括青少年法治教育校外实践基地、青少年普法网、青少年法治教育基地在内的资源建设，并通过在中小学探索设立法治教育专职岗位等措施加强法治教育的队伍建设。其中，强调要建立法制教育的评价机制，提出健全法制教育考核与督导制度。将法律素质纳入学生综合素质评价体系。教育行政部门要把青少年学生法制教育工作情况纳入依法治校工作指标体系，将学生法制教育作为对学校年度考核的重要内容。各级人民政府教育督导机构要将学校法制教育纳入教育督导范围。对法制宣传教育工作相对滞后的学校，有关部门要予以督促和帮扶。

少年法制教育教师，在全员教师法制教育的基础上，遴选一批骨干教师，突出专业培养，他们不仅担任青少年法制教育的职责，还担任为学校及学生依法维权的工作者角色。

五是将法治教育纳入全面依法治国进程。为实现“把法治教育纳入国民教育体系，从青少年抓起，在中小学设立法治知识课程”的目标，《国家“七五”普法规划》中明确提出制定和实施青少年法治教育大纲，加强青少年法治教育实践基地建设和网络建设。《青少年法治教育大纲》作为规范和引领青少年法治教育的纲领性文件，增强了法治教育的顶层设计和系统性，全面规划和贯彻关于“将法治教育全面纳入国民教育体系”的整体要求。

（五）新征程新发展阶段（2021—）：“八五”普法

中央宣传部、司法部在广泛深入调查研究、充分听取各方面意见的基础上，制定了《国家“八五”普法规划》，于2021年6月15日由中共中央、国务院转发并生效实施。《国家“八五”普法规划》基于我国持续实施了七个“五年”普法规划的重要成果，全社会法治观念明显增强，社会治理法治化水平明显提高。这一阶段开启了青少年法治教育的新发展阶段，以深入学习宣传贯彻习近平法治思想为主线，民法典的出台赋予了青少年法治教育更多的理论和价值内涵，也提出了更多、更高、更新的要求。这一阶段中国特色社会主义法治体系、全面普法工作体系更为健全，持续提升公民法治素养，青少年法治教育的重要性更为突出。主要体现在：

一是以习近平新时代中国特色社会主义思想为指导，深入贯彻习近平法治思想。习近平法治思想是符合实现中华民族伟大复兴时代要求、历史使命应运而生的重大理论创新成果，是马克思主义法治理论中国化的最新成果，是习近平新时代中国特色社会主义思想的重要组成部分，是全面依法治国的根本遵循和行动指南。《国家"八五"普法规划》明确将"深入贯彻习近平法治思想"作为引领全民普法工作的主线，强调思想引领，坚持以习近平法治思想武装头脑、指导实践，这是推动青少年法治教育守正创新、提质增效、全面发展的根本保障。

二是全面普法工作体系更为健全。围绕"全民普法工作体系更加健全"的主要目标，着力形成"制度完备、实施精准、评价科学、责任落实"的全面普法工作体系。《国家"八五"普法规划》更为体系化、系统化，有主线、有重点、有创新、重落实，以习近平法治思想为主线，突出普法的重点内容，推进普法与依法治理有机融合，对全民普法进行更为全面细致的统筹安排。

三是青少年法治教育重点更为突出。《国家"八五"普法规划》明确提出"实行公民终身法治教育制度"，持续提升公民法治素养。将"加强青少年法治教育"单独用一个自然段的篇幅重点强调，围绕进一步完善青少年法治教育新格局，从法治教材、教师网络法治教育培训、法治教育师资培养、宪法活动、青少年法治教育实践基地建设、未成年人法律学习宣传等方面进行全面系统的规划。2020年5月民法典出台后，民法典宣传也是《国家“八五”普法规划》实施的重点举措，强调把民法典纳入国民教育体系，加强对青少年的民法典教育是题中应有之义、重中之重。

二、青少年法治教育的发展特点及规律

回溯和总结我国“一五”普法以来30余年的普法工作，以青少年学生为重点的青少年法治教育一直是全民普法的重要组成部分，通过启蒙扫盲宣传、完善教育体系、明确条件保障、落实责任要求、发挥主渠道作用、优化目标定位等不同阶段的努力，为夯实全面依法治国、法治中国建设发挥了重要的基础性作用。随着全民普法工作的常态化和深入推进，青少年法治教育越来越具有全局性和国家战略意义。总结“一五”普法规划期间到“八五”普法规划期间的阶段性特征，梳理法治教育发展脉络，能够给予我们关于新时代面向未来青少年法治发展的重要启示。

（一）从“法制教育”迈向“法治教育”

“法治”与“法制”不同的价值理念，决定了“法治教育”的内涵不同于“法制教育”。对于法治教育的含义目前尚没有统一的规定，但综观有关研究资料和相关政策文件可以发现，对法治教育的功能定位有着类似表述：一是法治知识层面，普及宪法和法律法规知识；二是法治精神层面，建设社会法治文化

和提升公民法治素养。相比“法制教育”,“法治教育”从以知识教育为主转向更多对价值教育的关注和彰显。同时,法治教育更突出全周期的教育实践活动,贯穿科学立法、严格执法、公正司法、全民守法的全过程。

相较于法制教育,法治教育的内容更为广泛,其不仅仅局限于法律制度条文的学习,还包括国家机关之间的关系、决策程序、公民主体观念等现代公民教育理念的培养,虽然其中也包含法律知识教育,但法治教育更加重视蕴含在法治体系中的价值教育。从法治价值的角度出发,中小学的法治教育应该涵盖以下方面的内容:法治的理念和价值、法治社会的主要特征、基本法律框架、知识的教育;宪法教育;公民的权利与义务的教育;国家与公民关系的教育;公权和私权的关系;公民权利受损时的法律救济;中西方法治建设的经验对比及借鉴等。[1]

从法制到法治,意味着教育理念从“线性、静态”到“动态、系统化”的更新。在法制教育模式下,法律是一系列静态的知识,学生是传授的对象。而法治教育不仅是学习静态法律条文的过程,更是对动态的法治精神及法治理念的遵循与有力践行,青少年法治教育的逻辑不再是传统的“线性相对静态模式”。在法治教育思维的引领下,法律不仅是一套知识体系,更是一种思维和实践的方法。由于学习法律与践行法治在本质上是统一的,采用情景式、参与式的方式对学生和教师进行

〔1〕 参见彭拴莲:《法律教育,还是法治教育?》,载《思想·理论·教育》2004年第10期。

法治教育,并将普法活动与依法治校相结合,使师生在实践中践行法治,达到"知行和一",是一种系统化的思维和动态的实践,更有利于法治的深入人心。

综上,法治不仅是静态的法律条文,更是动态的法律运行过程和对社会的作用力;不仅是一套知识体系,更是一种思维和实践的方法。"依法治校"的小场域与"依法治国"的大场域相得益彰,得益于法治教育与法治实践同时动态展开、交互作用。有效的法治教育,需要从个人认知和教育环境的建构及教育过程着手,从法治思维培养和法治实践历练等方面进行综合考量。在法治实践过程中进行法治教育,以法治教育促进法治实践,同时以法治实践来检验法治教育的效果,这一动态互动的过程是既是认知的过程,也是实践和缔造的过程。[1]

(二)青少年法治教育日益受到重视

普法工作强调并日益突出青少年群体的重要性,从"一五"普法时期开始便将青少年作为普法工作的重点人群,并越来越重视。从1986年的《国家"一五"普法规划》到《国家"八五"普法规划》出台并实施的30余年来,中央宣传部联合司法部印发了八个普法规划,均由中共中央、国务院转发,并由全国人大常委会以决议的形式审议通过,具有法律效力。八个普法规划均把青少年学生作为全民普法和宣传教育的重点人群之

---

〔1〕 张冉:《践行法治:美国中小学法治教育及对我国的启示》,载《全球教育展望》2015年第9期。

一，将青少年的普法工作作为其重点工作。

教育系统紧跟中央政策及国家普法规划的要求，制定了《青少年法治教育大纲》及组织实施法治宣传教育的五年规划，结合法治教育实际工作需要，围绕“将法治教育纳入国民教育体系”的目标，根据国家的五年普法规划要求，对青少年法治教育及教育系统法治宣传教育的总体要求、主要任务、重点举措和组织保障等进行了系统规划。

（三）青少年法治教育的系统性、科学性不断增强

从法治教育的重点内容来看，青少年法治教育由注重预防、重视刑事治安法宣传教育，发展到以构建宪法教育为核心、以民法典教育为重点的教育体系。普法初期以预防违法犯罪为主，道德教育和法制教育都附属于政治教育。新时代法治教育的内涵不断拓展，涵盖公民教育、素质教育、人文素养教育、普适性教育等更广范畴。

在青少年法治教育的目标培养方面，青少年法治教育由法律常识的普及、法律知识的传授到更为重视法治意识的培养和法治素养的提升。青少年了解法律条文或法律知识纵然是基础，养成“办事依法、遇事找法、解决问题用法、化解矛盾靠法”的法治思维方式和行为模式则是关键。普法目标从“学法守法用法”到“学法尊法守法用法”再到“尊法学法守法用法”，“尊法”的重要性越来越凸显。因为只有从内心真正认可，充分理解民主、自由、公平、正义等法治理念之于个人、之于社会、

之于国家、之于民族的意义，才能在思想上、行动上自觉学法守法用法。

此外，从“三五”普法规划阶段开始，增加了普法规划的指导思想，[1]并且随着理论和实践的不断深化而拓展。随着理论和实践的纵深推进，由最初将德育、法育共同置于政育之下，发展到将德育从政育中分离出来，再发展到将法治教育置于德育之下、附属于德育存在，最后发展到法治教育逐渐从德育中分离出来，法治教育的独立性、重要性不断凸显；从“普及法律常识”到“法制教育”“法制宣传教育”，再到“法治教育”，青少年法治教育的基础性、独立性和重要性不断提升。

（四）青少年法治实践教育的重要性日益凸显

近年来，随着全国中小学校已普遍开设法治教育课程，法治教育教学计划、课时、教材、师资、经费“五落实”已基本实现。青少年法治教育由“校内”向“校内外结合”，由“知识传授”向“理念培养”“实践应用”转化，法治实践教育不断拓展深化。

青少年法治教育的形式，由单一的理论知识的讲授和传播到多元化、立体化的宣传教育方式，更为重视法治实践的重要地位和积极作用。“七五”普法规划阶段以来，随着法治教育内涵和外延的不断发展，法治实践教育作为法治教育的重要内

---

[1] 增加“以邓小平同志建设有中国特色社会主义理论为根本指针，坚持党的基本路线”的内容。

容及形式，以校外课堂以及实践参与的方式提升法治教育的整体效果，在培养学生的法治意识和素养中的重要作用日益受到重视。法治实践教育不仅是社会科学课程标准中法治教育的核心价值目标所在，更是提升学生法治素养的重要路径。

青少年法治教育实践基地是开展法治实践教育的重要资源、场所及载体，因此加强青少年法治教育实践基地科学化、规范化、系统化建设随之提上重要日程。

三、青少年法治教育现状及存在的问题

经过七个“五年”普法规划的持续深入实施，近年来，青少年法治教育工作坚持问题导向，通过颁布政策法规措施、加强课程教材及师资建设，组织开展系列普法活动等扎实系统推进，不断解决发展中的问题，取得了积极进展和长足发展。以宪法教育为核心，以民法典教育为重点，以守法教育为补充，以法治课程为载体的中小学法治教育体系正在逐步建立、有序推进。法治教育被纳入课程建设体系，中小学校已普遍开设法治教育课程，法治课程的覆盖面快速扩大，实现了法治国家教材“从无到有”的历史性突破。法治教育教学计划、课时、教材、师资、经费“五落实”已基本实现。

时代在发展，社会主义教育事业进入了新时代，青少年法治教育面临着新形势、新任务，从全面依法治国的政治高度和与时俱进推进工作的角度来看，当前青少年法治教育仍在一定程度上存在诸多亟待解决的“新”问题。从“法制教育”向“法治教

育”发展的过程中,定位不够明确、思想认识不够到位、教育内容不够系统、保障条件不够有力等问题仍然存在,这直接影响了青少年学生法治教育的效果。[1] 其主要体现在以下几个方面:

(一)认识偏差:将法治教育与法律专业教育相混淆

在思想认识层面,存在将法治教育等同于法律专业人才教育的惯性思维。青少年法治教育不同于培养专业法律人才的职业化教育,其旨在培育新时代具有法治思维新公民的社会主义公民教育,是通识教育与公民教育的范畴。法治教育是“使非法律专业者获得与法律、法律程序、法律系统有关的知识和技能并领会其赖以建立的基本原则和价值的教育”[2]。如果将高等院校的法律专业教育的内容及方式简单移植用于中小学法治教育,将造成“法治”与“教育”相分离,法律知识的讲解、传授,甚至是法条式的学习偏多,不仅不符合青少年法治教育作为公民教育的定位,并且抽象的法律知识讲解会脱离青少年学生的学习和生活实际,造成学用脱节、学习与实践脱节,教育的效果也会受到影响。

---

〔1〕 参见教育部、司法部、中央综治办共青团中央和全国普法办于2013年6月出台的《关于进一步加强青少年学生法制教育的若干意见》。

〔2〕 美国国会通过的《法治教育法案》(*Law – Related Education Act of* 1978)中描述的法治教育(law – relatededucation)。Leming, R. S. Essentialsof-Law – RelatedEducation. ERICDigest (ED390779), http://www.ericdigests.org/1996 – 3/law.htm, 1995October/2014 – 11 – 26.

(二)内容偏重:刑事治安法过大过多影响宪法、民法教育地位

我国自古以来便有“重刑轻民”的法律传统,清末变法之前两千多年的法制史上始终沿用“诸法合体,以刑为主”的模式,这种“重刑轻民”的历史传统在中华人民共和国成立初期的青少年法治教育中也有所体现。事实上,现代法律体系是一个包括宪法、刑法、民法、行政法等多部部门法在内的体系,刑法只是其中的最后一道防线。[1] 以刑法为核心的“法制教育”侧重于义务本位,旨在使受教育对象牢固树立守法观念,履行守法义务,不违法不犯罪;“法治教育”强调主体的权利义务的一致性,其蕴含的平等理念、法治精神、民主思想贯穿整个教育过程。

在当前的青少年法治教育中,存在“重刑轻民”的取向,传统的法治宣传教育倾向于采用震慑式教育手段,存在“惩戒教育”的偏向,导致青少年从小产生对法的畏惧感与距离感。然而,法律并非仅有以刑法为代表的严肃的一面,还有以民法为代表的亲和的一面。

权利义务是辩证统一的,重刑法教育、轻民法教育不仅不利于学生的权利意识培养,而且将影响对法治教育对象的角色定位。有的地方仅把受教育的对象——青少年学生——作为

---

〔1〕 蔡福华、严义挺:《青少年法治教育的困境与出路》,载《人民法治》2015年第Z1版。

"可能的未成年违法犯罪者",忽略将其作为肩负时代使命的时代新人,疏于培养其法治精神;有的学校宪法教育的核心地位彰显不够,以刑法教育与预防未成年人犯罪为主的教育内容仍占过大比例。

新时代的青少年法治教育只有明确未成年人是需要法律特别特殊保护的群体,围绕"社会主义建设者和接班人"的目标,以国家未来主人的角色定位开展以宪法教育为核心、民法典教育为重点的法治教育,更多地学习宣传那些与公民的生活实践更为密切的宪法、民法典、教育法、义务教育法、未成年人保护法等内容,才能真正培养担当民族复兴大任的时代新人。

(三)实践比重:法治素养和运用能力的培养尚待加强

忽视法治素养的提升是当前青少年法治教育过程中较为普遍的问题。法律作为一种应用性、实践性较强的学科,不仅要教育青少年知法守法,还要教会他们如何运用法律维护自己的合法权益。[1] 对青少年法律意识、法治观念和法律信仰的培养不足,将导致青少年缺乏对法律规范的内化和认同,体现了刑事治安法过重"恐吓式教育"惯性思维和模式依赖的弊端,法治实践教育的重要性日益凸显。

一方面,专业的中小学法治教师急缺是上述问题产生的重要原因。一是绝大部分中小学校法治教育课没有法治教

---

[1] 杨晶、覃文杰、周巍:《我国青少年法治教育现状及发展路径研究——基于武汉市调查数据的分析》,载《预防青少年犯罪研究》2018 年第 5 期。

育专业背景的专职教师，法治课专业师资队伍建设问题仍较为突出，需下大力气解决。二是兼职法治教师多，专职法治教师少。三是部分法治教师缺乏系统的法治观念、法治知识和法治技能，导致难以在法治精神层面塑造学生，在法治知识层面武装学生，在法治实践层面回应学生。

另一方面，对青少年学生法治实践能力的培养也不够。青少年法治实践教育的资源协调研发和共享仍相对不足，无论是在法治教育中还是在法治实践教育中，传统"宣教式""展板式"的法治教育形式采用较多，信息技术运用于法治教育教学实践的探索尚且不够，难以适应青少年学生法治实践教育需求拓展的新形势。

综上，青少年处于"十年树木、百年树人"的基础阶段，也是社会主义的建设者和接班人。加强青少年法治教育，事关青少年法治意识、法治观念、法治思维和法治素养的养成提升，事关青少年的健康成长，事关全面依法治国战略的顺利推进，其意义重大、影响深远。[1] 发展立足于新时代面向未来的青少年法治教育，亟须针对当前青少年法治教育中的突出问题，明确定位，清晰边界，厘清关系，协调发展依托青少年法治教育实践基地的建设和应用，加强法治实践教育，有效连接校内教育及校外教育，课堂教育与活动教育，提升法治教育质量，在法治实践教育中更好地培养青少年的法治意识，提升青少年的法治素养。

---

〔1〕 参见党评文：《切实加强青少年法治教育》，载《学校党建与思想教育》2020 年第 24 期。

第二章　青少年法治教育实践基地的基础导向

加强青少年法治教育实践基地建设，应强化思想引领，有机结合习近平关于教育的重要论述，深入贯彻落实习近平法治思想，科学认识、厘清及处理好法治教育与道德教育的辩证统一关系，遵循法律专业性及教育专业性的双重属性，深入开展以青少年法治教育实践基地建设为重要基础和依托的法治实践教育，强化目标导向和问题导向，围绕当前影响法治教育实效的法治教育师资紧缺问题，建立健全以宪法教育为核心，以民法典教育为主要内容的法治实践教育体系，着力提升青少年法治实践教育的规范性、专业性和实效性。

一、思想引领：习近平法治思想

伟大时代诞生伟大理论，伟大理论引领伟

大征程。[1] 思想是行动的先导,2020 年 11 月召开的中央全面依法治国工作会议上,首次正式提出“习近平法治思想”,其核心是全面依法治国[2]。习近平法治思想对深入推进全面依法治国具有划时代的重要意义,指明了中国特色社会主义法治建设的发展方向,开创了国家治理体系和治理能力现代化的新局面。作为全面依法治国的指导思想,习近平法治思想也是涉及党和国家各项法治事业的指导思想。青少年法治教育不仅是现代教育体系中的重要内容,而且是依法治国的基础工程。法治教育工作中落实习近平法治思想,应与贯彻落实习近平关于教育的重要论述有机结合。

(一)目标之维——实现立德树人的根本遵循

“法治兴则国家兴,法治衰则国家乱。”习近平总书记深刻指出,经验和教训使我们党深刻认识到,法治是治国理政不可或缺的重要手段。党的十八届四中全会审议通过的《中共中央关于全面推进依法治国若干重大问题的决定》,作为新形势任务下指导全面推进依法治国的纲领性文件,提出了全面推进依法治国的总目标,即“建设中国特色社会主义法治体系,建设社会主义法治国家”,明确了全面推进依法治国的指导思想和总体要求。其中,第五部分“增强全民法治观念,推进法治

---

〔1〕 王晨:《坚持以习近平法治思想为指导　谱写新时代全面依法治国新篇章》,载《求是》2021 年第 3 期。

〔2〕 参见张文显:《习近平法治思想的基本精神和核心要义》,载《东方法学》2021 年第 1 期。

社会建设”中,首次明确提出“把法治教育纳入国民教育体系,从青少年抓起,在中小学设立法治知识课程”,作为推动全社会树立法治意识的重要任务。

为全面推进依法治教,促进教育治理体系和治理能力现代化,2016 年 1 月,教育部印发了《依法治教实施纲要(2016—2020 年)》(教政法〔2016〕1 号)。其中,第四部分“大力增强教育系统法治观念”中提出“全面加强学生法治教育”,从青少年学生法治教育的意义,编制全学段贯通的《青少年法治教育大纲》及学校法治教育课程、教材、师资体系三部分进一步明确了青少年法治教育工作的任务。

人无德不立,育人的根本在于立德。法与德的辩证关系决定了青少年法治教育在立德树人目标中的核心地位。“法德共进”是新时期推进青少年法治教育工作的创新实践。党的十八大以来,习近平总书记更加重视“法德共治”,强调:“治理国家、治理社会必须一手抓法治、一手抓德治。”〔1〕事实上,法德共治的观念恰恰体现了习近平总书记对于青少年法治教育的卓越远见。正所谓“法安天下、德润人心”,“培养‘德法兼修’的青年一代”体现了习近平法治思想与习近平新时代青年思想的有机结合。

习近平总书记认为,青少年法治教育要“坚持以马克思主义法学思想和中国特色社会主义法治理论为指导”,培养青年

〔1〕 习近平:《加快建设社会主义法治国家》,载《求是》2015 年第 1 期。

法治人才要靠“立德树人”与“德法兼修”。[1] 为更好地适应青少年接受教育、健康成长和心理活动的规律，对青少年的法治教育要结合德育教育，使社会主义法治理念深入青少年的内心。从法律与道德的互补关系来看，青少年法治教育能够把法律的底线意识与道德的内心约束紧密结合，从而使青少年牢固树立规则意识、诚信观念、契约精神，尊崇公序良俗。[2]

（二）价值之维——培育社会主义核心价值观的内在需求

培育和践行社会主义核心价值观，需要紧密结合法治教育，而对于正处于价值观萌芽和形成期的青少年来说，法治教育则显得更为重要。根据《青少年法治教育大纲》的规定，“以社会主义核心价值观为引领，普及法治知识”是我国青少年法治教育的总体目标之一。在社会主义核心价值观中，与法律直接密切相关的是“自由、平等、公正、法治”，这是美好社会层面的要求，也是我们矢志不渝、长期实践的核心价值理念。其中，法治意味着国家治理依法进行，没有超越法治的特权，法治是治国理政的基本方式，也是实现自由平等、公平正义的制度保证。

《国家“八五”普法规划》中指出，要全面落实《青少年法治

---

〔1〕习近平：《为全面依法治国培养更多优秀人才——习近平在中国政法大学考察》，载《人民日报》2017年5月4日，第1版。

〔2〕参见邓传淮：《大力加强新时代青少年学生法治教育工作》，载《中国教育学刊》2018年第3期。

教育大纲》,教育引导青少年从小养成尊法守法习惯。习近平总书记指出,所谓法治,并不在于公民对法条有多么透彻的理解,而在于努力将法治精神、法治理念和法治意识熔铸到人们的头脑中,体现在人们的日常行为中。[1] 青少年法治教育最核心和最根本的目标,就是要引导中小学生理解并认同法治价值,并能够在其实际行动中予以践行。[2]

当今世界正经历百年未有之大变局,国际形势进入动荡变革期,我国也已步入全新的发展阶段。在国际国内"两个大局"的背景之下,网络信息技术日新月异,信息时代和多元文化对我国青少年价值观的培育提出了巨大挑战。习近平总书记认为,青年"处在价值观形成和确立的时期,抓好这一时期的价值观养成十分重要"[3]。在全国宣传思想工作会议上,习近平总书记强调:"要抓住青少年价值观形成和确定的关键时期,引导青少年扣好人生第一粒扣子""育新人,就是要坚持立德树人、以文化人,建设社会主义精神文明、培育和践行社会主义核心价值观,提高人民思想觉悟、道德水准、文明素养,培养能够担当民族复兴大任的时代新人"。

习近平总书记指出,青少年法治教育对于促进核心价值观

---

〔1〕 习近平:《之江新语》,浙江人民出版社2007年版,第205页。

〔2〕 李红勃:《依法治国背景下的青少年法治教育》,载《教育家》2020年第20期。

〔3〕 习近平:《青年要自觉践行社会主义核心价值观——在北京大学师生座谈会上的讲话》,载新华网2014年5月4日,http://www.xinhuanet.com//politics/2014-05/05/c_1110528066.htm。

念认同、推动其入脑入心具有深远意义。加强青年法治精神的培育,不仅有助于解决当前培育和践行社会主义核心价值观所遇到的深层次矛盾与冲突,更有利于培养其更加理性地运用法治思维和法治方式分析并解决现实问题。"法治"作为社会主义核心价值观之一,"既是国家的价值目标、社会的价值取向,也是全体人民尊法守法用法护法的价值准则"[1]。因为若没有良好的法治保障,其他核心价值就难以得到稳固、可持续的实现。

(三)时代之维——落实全面依法治国方略的必然要求

党的十九大报告提出,全面依法治国是国家治理的一场深刻革命。依法治国包括四个方面的内容:科学立法、严格执法、公正司法和全民守法。其中,全民守法是法治的前提条件和社会基础。全民守法的实现,需要开展全面系统的法治教育,其中最关键的就是青少年法治教育。[2] 中国的未来属于青年,中华民族的未来也属于青年。[3] 青少年对于宪法等法律乃至法治的认识决定了我国未来的法律实施与法治建设。同时,青年时期乃是培养和训练科学思维方法和思维能力的关

---

[1] 张文显:《社会主义核心价值观与法治建设》,载《中国人大》2019 年第 19 期。

[2] 李红勃:《依法治国背景下的青少年法治教育》,载《教育家》2020 年第 20 期。

[3] 习近平:《立德树人德法兼修抓好法治人才培养　励志勤学刻苦磨炼促进青年成长进步》,载人民网 2017 年 5 月 4 日,http://politics.people.com.cn/n1/2017/0503/c1024－29252342.html。

键时期[1],在此阶段形成的法治思维,将终身受益,形成不竭动力持续推动我国法治建设。

2017 年 10 月 18 日,党的十九大报告指出,要推进全民守法,提高全民族法治素养和道德素质,大力加强法治教育在全面依法治国实践中的作用。"教育是提高人民综合素质、促进人的全面发展的重要途径"[2]。人民综合素质不仅包括科学文化素质,还包括道德素质和人文素养,其中,法治素养是人文素养的内容和重要基础。人民综合素质的提升需要依赖社会成员共同认可的价值体系,即社会主义核心价值体系。我国青少年法治教育是以培育和践行社会主义核心价值观为主线,因此,开展青少年法治教育不仅是在青少年群体中深入开展社会主义核心价值观教育的重要途径,而且是提升全体人民综合素质的重要环节。

习近平法治思想贯彻了"以人为本"原则,更深层次实现"法制"到"法治"的升华,进一步明晰了从公民守法教育到公民法治素养全面提升的发展方向。在推进国家治理现代化的过程中,良好的青少年法治教育可以提升青少年的素养,在法治社会建设中发挥着不可替代的作用。[3]《国家"八五"普法

---

[1] 习近平:《立德树人德法兼修抓好法治人才培养　励志勤学刻苦磨炼促进青年成长进步》,载人民网 2017 年 5 月 4 日,http://politics.people.com.cn/n1/2017/0503/c1024 - 29252342.html。

[2] 习近平:《做党和人民满意的好老师》,人民出版社 2014 年版,第 2 页。

[3] 李红勃:《依法治国背景下的青少年法治教育》,载《教育家》2020 年第 20 期。

规划》中提出，持续提升公民法治素养，实施公民法治素养提升行动，把法治教育纳入国民教育体系、社会教育体系。通过常态化、系统化开展青少年法治教育，结合全国学生“学宪法　讲宪法”系列活动，将有力推动社会主义核心价值体系融入教育体系，有利于全面提高青少年学生的道德素质和法治素养。

习近平总书记强调，法治意识的培养要从青少年时期抓起，要对青年深入开展法治宣传教育，以增强青年法治观念的必要素养，从而引导青少年从小掌握法律知识、树立法律意识、养成尊法守法习惯[1]。加强青少年法治教育，将法治教育普及化、规范化、常态化，以人为本，以青少年法治教育为根基，这是习近平法治思想中至关重要的内容，也是落实依法治国方略的必然要求。

习近平总书记指出，要想深化依法治国实践，全民族法治素养的提升，既是基础，也是关键。在诸多因素之中，青少年的法治教育具有更加深远的意义。开展青少年法治教育是全面依法治国系统工程的重要组成部分。《国家“八五”普法规划》中提出，持续提升公民法治素养，实施公民法治素养提升行动，把法治教育纳入国民教育体系、社会教育体系。国家是公民的集合体，我国国民的法治素质是法治国家、法治社会最为根本的因素，其法治观念、行为习惯、生活状态尤其是法治素养直接影响并决定着法治国家的面貌。青少年法治教育是法治中国

〔1〕 习近平：《更加注重发挥宪法重要作用，把实施宪法提高到新的水平》，载《人民日报》2018年2月26日，第1版。

系统工程的重要基础和有机组成部分。作为中华民族伟大复兴的生力军，青少年是祖国的未来，也是法治中国的未来，是中华民族的希望。加强青少年法治教育决定了青少年法治素养既是全面依法治国战略的基础性工作，也是一项持久推进的长远性工程。

综上，加强青少年法治教育，既是实现全面依法治国的客观需要，也是中国特色社会主义法治时代特色的彰显。通过常态化的青少年法治教育，加深对中国特色社会主义法治体系的认识，并逐步养成建设社会主义法治国家的政治自觉、思想自觉和行动自觉，从而真正承担起我国社会主义法治事业建设的重任。

（四）实践之维——“为党育人、为国育才”的必由之路

青少年法治教育不仅是现代教育体系中的重要内容，也是全面依法治国的基础工程。青少年法治教育对于加快建设中国特色社会主义法治国家具有前瞻性、战略性和基础性意义。中国特色社会主义进入新时代，教育的地位提升到“国之大计、党之大计”前所未有的政治高度，势必要求将青少年法治教育提升到坚持全面依法治国基础工程的政治高度去定位、去思考、去谋划。

法治中国大厦建构蓝图的实现，依赖于一代代青少年法治素养的从小、扎实、系统培养。从这个意义上讲，法治教育的质量关系到法治中国的未来，关系到“中国特色社会主义法治体

系、建设社会主义法治国家”目标的最终实现。习近平总书记向来高度重视青少年宪法法治教育，多次指出宪法教育要从娃娃抓起，让法治精神从小在青少年脑海中扎根，在潜移默化中培育。他强调，“坚持法治教育从娃娃抓起，把法治教育纳入国民教育体系和精神文明创建内容，由易到难、循序渐进不断增强青少年的规则意识”[1]。据统计，2021 年全国共有各级各类学校 52.93 万所，各级各类学历教育在校生 2.91 亿人。[2] 这一代青少年学生将全程参与“两个一百年”奋斗目标的历史进程，是实现中华民族伟大复兴的生力军和中坚力量。

近年来，教育部深入推进习近平法治思想“进教材”“进课堂”，扎实推进习近平法治思想入脑入心，组织编写《习近平新时代中国特色社会主义思想进课程教材指南》，据此修订法学类马克思主义理论研究和建设工程重点教材。将 2018 年新修改的宪法内容纳入中小学课程体系，推进全学科融入、多学科协同。将“习近平法治思想概论”纳入法学专业必修课。将习近平法治思想和宪法教育作为中小学教师“国培计划”的重点内容；面向法学专业教师推出习近平法治思想大讲堂，全面提高教师法治素养。创新法治人才培养机制，设立习近平法治思想高校研究联盟，推动法学理论研究及法学学科改革创新。

总之，新时代新发展阶段加强青少年法治教育，从认识上，

---

[1] 习近平：《加快建设社会主义法治国家》，载《求是》2015 年第 1 期。

[2] 参见《2021 年全国教育事业统计主要结果》，载教育部官网 2022 年 3 月 1 日，http://www.moe.gov.cn/jyb_xwfb/gzdt_gzdt/s5987/202203/t20220301_603262.html。

“要克服传统的‘政绩’观念,避免把青少年法治教育简单地视为一个新的政绩工程和面子工程,要把它作为功在千秋、利在当代的重大法治启蒙工程”[1]。法治教育坚持从青少年抓起,应认真贯彻落实习近平法治思想和习近平总书记关于教育的重要论述,以深入贯彻落实《青少年法治教育大纲》《教育部“八五”普法规划》为抓手,切实把法治教育纳入国民教育体系,引导广大青少年从小掌握法律知识、树立法治意识、养成守法习惯,不断提升法治素养,努力成长为能够担当民族复兴大任的时代新人,为全面推进依法治国奠定坚实的基础。

二、重点关系:道德教育与法治教育

进入新时代,青少年法治教育面临新形势、新任务、新问题,其中,正确科学处理好德育与法育的关系成为亟待认真考量的重要理论和实践课题。

(一)突出问题:法治教育的相对淡化、弱化、虚化

近年来,教育部牢牢抓住教材建设这个根本。2017 年 9 月,由教育部统一组织新编的义务教育《道德与法治》教材在全国投入使用,在六年级上册和八年级下册设置了法治教育专册;在高中阶段“思想政治”课中增加法治教育的内容,在高校《思想道德修养和法律基础》设专门章节讲解宪法。纵向上打

[1] 马长山、李金枝:《青少年法治教育中的公民性塑造》,载《上海师范大学学报(哲学社会科学版)》2018 年第 4 期。

通各学段，在九年义务教育阶段统一设立《道德与法治》课程的基础上，组织开展义务教育阶段“道德与法治”、高中“思想政治”、高校“思想道德修养和法律基础”及法学教育等教材的修订，根据青少年学生的认知特点和认知规律，保证教育内容的前后一致、由易到难、螺旋上升。

《道德与法治》作为一门课程，充分说明道德教育与法治教育存在互补关系，二者相辅相成。但实践中二者融合有余、边界不清，体现在对法治教育的特殊性、独立性和专业性重视不足，甚至以道德教育替代法治教育的现象时有发生。认同德育与法育在功能目标、价值理念等方面方向的一致性，并非忽视二者各自相对独立、独特的价值及功能，对二者不同或不完全相同的调整范围、功能作用和教育方式等也应当有理性认识。经调研发现，在处理二者关系时存在对法治教育同化、淡化、弱化、虚化问题，这也成为新时代影响法治教育、德育教育实效性的关键。

究其原因，从青少年法治教育发展的轨迹看，最初作为法治教育前身的法制教育就是作为思想品德教育的一部分，附属于德育教育存在的。在法治教育教材改革前，义务教育阶段的品德与生活课程被界定为一种综合性课程，即以教师授课的模式把品德与生活相融合进行教学；在法治教育教材改革后，受惯性思维影响，也认为应当把道德教育与法治教育二者直接融合、“不分彼此”式进行课程设计和讲授。

当前，义务教育阶段采取将法治课和品德课合并开设、合并教学，主要由原来的思想品德课教师承担合并后的“道德与法治”课教学任务。长期以来，思想品德课被认为属于专题教育的范畴，与语文、数学、外语等学科教育是有区别的，合设之后的“道德与法治”课仍然被划入这一范畴。这种安排使中小学校及教师更突出“道德与法治”这门课程的德育性，而忽视其智育性，低估其专业含量，认为不需要专业的知识储备就可以胜任教学任务。这导致教学实践过程中教师过于强调道德教育，将道德范畴与法律范畴混淆，导致将法定义务虚化成道德要求，影响道德教育和法治教育的实效。

以爱国主义教育为例，爱国绝不仅仅是抽象的理念和高尚的道德情操，也是具体的行为规则和公民的法定义务。宪法法律对爱国的规范要求构成了爱国宪法法律义务体系。《宪法》在“公民的基本权利和义务”一章，从行为角度对公民的爱国义务作了宪法层面的进一步细化规定。[1] 此外，结合宪法有关根本法、国旗等的专门条款来看，公民的爱国行为还包括维护宪法尊严，尊重国旗、国歌、国徽等。

具体而言，爱国并非公民消极的道德义务，而是体现着公民主体性的积极法定义务，一旦纳入法定义务就意味着并不是“可为可不为”，而是“必须为”，不是够不着的“天线”，而是不可践踏的“底线”。不管是对于宪法法律明文规定“不可为而

---

〔1〕 相关内容包括：“公民有维护国家统一……的义务”“公民必须遵守宪法和法律，保守国家秘密……尊重社会公德”“公民有维护祖国的安全、荣誉和利益的义务，不得有危害祖国的安全、荣誉和利益的行为”“保卫祖国、抵抗侵略是中华人民共和国每一个公民的神圣职责”。

为之"这种违反禁止性规范"硬闯""硬刚"行为,如不可泄露国家机密而偏偏泄露;还是或"当为不为"的"临阵脱逃"行为,如对"维护祖国的安全、荣誉和利益的义务"的消极怠慢,都将面临法律责任的承担,意味着将受到法律的制裁。

正本清源,回归本源。"德治"与"法治"发生作用的机制是不同的,法治是"底线"之治,强调他律和外在强制性;道德是"高线"之治,强调自律和内在约束性。由此可见,法治教育是道德教育的基础,尊法守法是基本要求,遵从道德是更高的要求,只有在达到基本要求的基础上的道德教育才是有效的。反之,没有"底线"教育,法治教育的"高线"教育——道德教育就如无源之水、无本之木,更难谈实效性。

(二)理想状态:法育与德育相得益彰

习近平总书记指出:"中国特色社会主义法治道路的一个鲜明特点,就是坚持依法治国和以德治国相结合,强调法治和德治两手抓、两手都要硬。"[1]"坚持依法治国与以德治国相结合"作为依法治国政策的基本遵循,法治和德治同为调整社会关系与治理国家的方式,如鸟之双翼、车之两轮,互为补充、并行不悖。依法治国和以德治国相结合,不仅是对德法兼治传统的继承与发扬,也为新时代青少年法治教育的发展提供了方向与指引。

"法律有效实施有赖于道德支持,道德践行也离不开法律

[1] 2017年5月3日,习近平总书记在中国政法大学考察时发表的讲话。

约束。"[1]法治与德治的关系集中体现在法律与道德的关系中。一方面,二者相辅相成。法律的权威源自人民的内心拥护和真诚信仰。人民权益要靠法律保障,法律权威要靠人民拥护。道德是法律的基础,只有那些合乎道德、具有深厚道德基础的法律才能为更多人所自觉遵行。另一方面,法律是道德的保障,可以通过强制性规范人们行为、惩罚违法行为来引领道德风尚。因此应当发挥好法律的规范作用,以法治体现道德理念、可以强化法律对道德建设的促进作用。

正如习近平总书记指出:"法律有效实施有赖于道德支持,道德践行也离不开法律约束。"[2]"法律是成文的道德,道德是内心的法律。"[3]习近平总书记一语道出了法律与道德之间的辩证统一关系。法律往往以国家强制力作为保障手段,一旦公民行为超越法律底线,必将受到法律的制裁,是一种外在的"他律"。道德的价值功能更加关注人内心的自我约束,强调在作出有悖于道德准则的行为时,内心会受到谴责,是一种内在的"自律"。

为贯彻落实"把法治教育纳入国民教育体系",2016 年教育部将小学与初中阶段的《品德与生活》课程统一为《道德与

---

〔1〕 2016 年 12 月 10 日,习近平总书记主持十八届中共中央政治局第三十七次集体学习时的讲话。

〔2〕 2016 年 12 月 10 日,习近平总书记主持十八届中共中央政治局第三十七次集体学习时的讲话。

〔3〕 习近平:《坚持依法治国与以德治国相结合,推进国家治理体系和治理能力现代化》,载《人民日报》2016 年 12 月 11 日,第 1 版。

法治》。由此，法治教育与道德教育关系的正确恰当处理成为青少年法治教育中的重要课题。国家教材中将道德教育与法治教育放在一起，是因为二者之间存在较多的内在关联。

一是二者的基本属性都是行为规范教育。无论是道德规范还是法律规范，都是社会主义核心价值观的体现。二者具有共同的教育目标，都是为了促进公民素养的提升，共同促进青少年对于社会规范的理解和认同，帮助其自觉践行社会主义核心价值观，成长为担当民族复兴大任的时代新人。

二是有效的法治教育是道德教育的坚实基础。通过法治教育培养遵纪守法、具有法治意识的公民，是有效开展道德教育的前提、基础和保障。道德教育是法治教育更高位的目标。在法治教育的基础上，以更高的道德规范作为指引，不仅可以巩固法治教育的效果，更是把育人目标提高到一个更高的层次。正如习近平总书记强调，“人无德不立，育人的根本在于立德”。[1] 立德树人是教育事业的根本任务，要在加强品德修养上下功夫，教育引导学生培育和践行社会主义核心价值观，踏踏实实修好品质，成为有大爱大德大情怀的人[2]。

三是二者的教育内容具有共同的价值基础。社会主义核心价值观中所包含的国家、社会与公民三个层面的价值，如公平、正义、民主、自由、人权等价值理念，既是道德的价值追求，

---

〔1〕 2018年5月2日，习近平来到北京大学考察，同北京大学师生座谈时发表的讲话。

〔2〕 2018年9月10日，习近平总书记在全国教育大会上发表的讲话。

也是法治的思想基础和法律原则。随着法治社会的深入推进，越来越多的道德规范也纳入法律规范的范畴，这也决定了道德教育与法治教育在内容上的重叠会越来越多。

四是二者存在互补关系。与法律规范的“刚性”特点不同，道德是一种“柔性”规范，二者“刚柔并济”，存在互补关系。“徒法不足以自行”，道德教育有助于帮助青少年理解看似“高深莫测”法律制度的价值与功能，感受到宪法法律不仅有铁面无私的威严，更有公民权利保障书的温情，让孩子们感受到宪法法律就在身边，呵护其健康快乐成长，进而对法律产生理解、认同和信任，自觉做到尊法学法守法护法。

因此，应充分厘清法治教育与道德教育的关系，在注重法治教育与道德教育有机结合的同时，也要厘清二者的界限，不能将二者混为一谈，更不能以道德教育代替法治教育，二者相辅相成，相得益彰，才能共同服务“立德树人”根本任务的实现。

三、基本规律：法治教育的双重属性

法治教育既要遵循教育的一般规律、普遍规律，也要体现法治教育的特点，遵循法治教育的特殊规律。总体而言，法治教育是全程性教育，贯穿于基础教育、高等教育、职业技术教育、成人教育等不同阶段不同类型的教育中，不可中断；法治教育是全域性教育，离不开学校教育、家庭教育和社会教育的紧密结合，不能偏废；法治教育是全民性教育，既是每一位公民应

享有的教育权利，也是每一位公民应自觉履行的义务，不能缺失。[1] 具体而言：

第一，法治教育是一个连续进程，应当全面覆盖国民教育的各个阶段，并确保连贯性、协调性，而不能仅仅停留在开设一两门法律常识和法律基础课的水平上，不能蜻蜓点水、浅尝辄止。

第二，法治教育是一个系统工程，应当实现从单一法律课程向学科整合的根本转变，使法治教育融入公民、家庭、社会、劳动、道德、历史、体育等各类相关课程教学之中。

第三，法治教育是一种素质教育，应当紧密契合青少年身心特点进行准确的功能定位，在不同阶段选择不同内容资源，使法治教育符合青少年成长规律和教育规律。

第四，法治教育是一种规则教育，应当全面反映法律自身的逻辑特征，从个人生活规则、家庭与社会生活规则、经济政治活动规则多个层面设计出教学内容与教学方式，充分体现法治社会对青少年法治意识的基本要求，而不是简单地对各部门法律条文进行宣讲。[2]

总而言之，法律作为社会关系调节器和公民行为规范的准则，是对纷繁复杂社会关系所抽象出的理念、规则、罚则。在法治教育过程中，若只是平铺直叙式地授之以法条，对于中小学

---

〔1〕 徐辉：《中小学法治教育地方课程改革的设计及实施》，载《教育研究》2017 年第 1 期。

〔2〕 汪蓓：《中日青少年法治教育改革比较研究》，载《新疆师范大学学报（哲学社会科学版）》2016 年第 1 期。

生这一群体来说,感受到的恐怕只有法律惩治坏人的威严、威慑力和冷酷,感受不到法律亲和力的一面,感受不到作为“公民权利保障书”的人文关怀。因此,在法治教育过程中,宜按照中小学生身心成长特点和接受能力,以深入浅出、循循善诱的方式,采用通俗鲜活的语言和生动的典型事例,充分体现教学的互动性和趣味性,增加吸引力和感染力,让孩子们感受到法律无时无刻不在陪伴他们的成长,保护他们的权利,进而提高法治教育的针对性和实效性。

四、重要拓展:法治实践教育

《中小学法制教育指导纲要》中将“法律知识教育与法治实践教育相结合”作为一条基本原则。由此,“法治实践教育”作为一个正式的、特定意义的规范用语首次出现在政策文件中。《国家“八五”普法规划》也明确要求地方教育部门要将法治实践教育作为中小学综合实践活动的重要内容,努力推动学生每年接受法治实践教育不少于 2 课时。《中小学法治副校长聘任与管理办法》中将“每年在任职学校承担或者组织落实不少于 4 课时的、以法治实践教育为主的法治教育任务”,作为法治副校长的重要职责。由此可见,法治实践教育既是新时代法治教育内容的重要拓展,也是法治教育的有机组成部分,同时,还是法治教育实施的有效形式。

(一)法治实践教育的特点

习近平总书记曾深刻指出,法治也并不体现于普通民众对法律条文有多么深透的了解，而在于努力把法治精神、法治意识、法治观念熔铸到人们的头脑之中，体现于人们的日常行为之中。[1] 法治实践教育，即在法治实践中进行教育，以法治教育促进法治实践，同时以法治实践来提升和检验法治教育的效果，这一动态互动的过程既是认知的过程，也是实践和创造的过程。

1. 注重学生的主体地位，发挥主观能动性

学生是学习的主体，充分调动和发挥学生的主观能动性和积极性，促进学生潜能的发挥是提高教学有效性的根本途径。以学生为本的法治教育模式应从学生的角度出发，激发学生主动学习的积极性与兴趣，为学生提供一个更宽松、更有创造性和参与性的平台和空间。注重考虑学生的需要和兴趣，引导学生自己动脑、动手、动口，让学生有自主学习、思考和实践的时间与空间。

在青少年的法治教育过程中，单纯对学生进行法律条规、法律术语灌输，与学生的认知能力不相适应，将违背法治教育的规律。如果过分关注既定知识的灌输，忽视学生的主体性，学生容易从心理上产生抵触情绪。因为在法治教育的过程中，学生与教师是平等的，教师主要充当“引路人”的角色，负责引领学生去探索实践，引导其真正理解法治教育的内涵，为学生提供前行方向并在成长中答疑解惑，使学生更好地掌握法律知识，并逐渐将所学知识纳入认知结构，外化为行动指南。

---

〔1〕 参见习近平：《之江新语》，浙江人民出版社 2007 年版，第 205 页。

2. 注重理论与实践相结合,加深对法律知识的理解

法治实践教育通过给予学生了解和参与法治实践的机会,教育和引导学生在实践中掌握法律知识,领会法治理念,提高法律素质。真正有效的教育途径是实践,法治教育内容要贴近学生的生活,让法治教育回归学生的真实生活世界,通过法治实践感知法律实施的各个环节。

《国家"八五"普法规划》中强调:"推进青少年法治教育实践基地建设,推广法治实践教学和案例教学。"实践教学既是巩固理论知识和加深理论认识的有效途径,不仅有利于提高学生的法治素养,养成正确的法治价值观,也有利于培养具有创新意识的高素质人才的重要环节,是理论联系实际、培养学生掌握法治知识和提高法治意识的重要平台。

从教学方法上,法治教育提倡引入真实的案例,激发学生的浓厚兴趣,通过分析和讲解案例向学生阐释法的价值和精髓,充分提高学生的实践能力,为形成法律意识打下坚实基础。[1] 同时,可以组织学生排练法治情景剧、组织讨论法律议题辩论赛等,让学生通过亲身参与策划和演示,更能体会到静态的法律知识在实践中的动态灵活运用。

3. 校内课堂与校外课堂相得益彰,发挥实践基地的教育功能

《青少年法治教育大纲》指出,要积极推进综合性青少年

---

〔1〕 参见谢佑平、王永杰:《多元视野下的美国青少年法治教育:途径、策略及启示》,载《青少年犯罪问题》2007 年第 3 期。

法治教育实践基地建设，把基地建设纳入各地校外教育机构建设的整体规划。2016 年 9 月，教育部、最高人民法院、最高人民检察院、公安部、司法部、全国普法办、共青团中央七部门联合发布《加强实践基地建设的意见》，把实践基地建设作为新形势下深入推进青少年法治教育的主要环节和重要任务，使依托实践基地实施多样化的法治实践教育，成为校外开展青少年法治教育的重要方式。

法治实践主要分为两种类型：一类是为学生提供了解和参与法治实践的机会，如参与学校组织的遵守交通规则、培养垃圾分类习惯、杜绝餐饮浪费等主题实践活动；另一类是到青少年法治教育实践基地等地集中开展系统的法治实践课程，将法治教育实践资源的范围由校内拓展到校外，增强教育的互动性、趣味性、实效性。

校内课堂与校外课堂是内外互补的关系，二者缺一不可。虽然校内法治教育和校外法治教育在教育功能、教育手段与方法、教育内容上侧重点有所不同，但都肩负着“法治育人”的神圣使命。校内法治教育依托校外法治教育丰富资源、拓展场景，而校外法治教育要发展，也必须以有效服务校内法治教学的需要为前提。建设法治教育实践基地，把课堂外的法治教育资源内容和形式引进校园，将会对学校特色的形成与巩固、学生学习兴趣的培养与潜能的激发起到积极作用。

（二）法治实践教育的目标

2017 年 1 月，《国务院关于印发国家教育事业发展“十三五”规划的通知》印发，该《通知》围绕“培养学生的法治意识和素养”这一目标，将“加强法治教育实践基地建设，加强宪法教育，多种形式普及法律知识，开展法治实践教育”等作为重要举措。通常认为，法治素养包含两层含义：第一层含义是指知悉法律知识，即知道法律的相关规定；第二层含义是指意识、观念，即对法律尊崇、敬畏，有尊法学法守法用法的意识，有“办事依法、遇事找法、解决问题用法、化解矛盾靠法”的自觉性和主动性。只有这两者都具备，才可称得上有法治素养。

1. 获得系统的法律知识

青少年法治教育的目标在于普及法律知识、养成法律习惯、实现法律行为、弘扬法律精神。在不增加青少年学习负担的前提下，将法律知识与其他知识体系融会贯通，形成相对完善的制度，最终取得实质性教育效果。[1]

获得系统的法律知识是提升法治素养的基础和前提，知法既是尊法懂法守法用法的前提，也是运用法律武器维护自身合法权益的基石。理论是行为的指引，青少年学习法治知识不仅是提高国民素质，实现社会安定和谐的重要途径，也是市场经济进一步改革发展、良好社会风尚形成并巩固的必要条件。

法治基础知识的习得与法治知识体系的形成，是塑造学生法治意识、开展法治实践的基本立足点，也是塑造学生成为未来公民的基础所在。法治基础知识的习得，是形成价值理念、

---

〔1〕 参见厉思彤：《青少年法治教育路径探索》，载《现代中小学教育》2017年第7期。

参与社会实践的前提与基础，是沟通法律制度与公民行为的中介与桥梁。因此，《国家“八五”普法规划》指出，要全面落实《青少年法治教育大纲》，教育引导青少年从小养成尊法守法习惯。充实完善法治教育教材相关内容，增加法治知识在中考、高考中的内容占比。

按照《教育部“八五”普法规划》，青少年应重点学习以下几类法律：

一是深入学习宣传宪法，坚持以宪法教育为核心的法治教育体系，首先需重点了解掌握社会主义制度是中华人民共和国的根本制度，中国共产党领导是中国特色社会主义最本质的特征、是中国特色社会主义制度的最大优势等内容。

二是深入学习宣传民法典，构建以民法教育为重点的法治教育体系，需重点了解掌握我国民法典的特质、基本原则、基本要求和新规定新概念新精神。

三是深入学习宣传教育及相关法律法规，应了解教育法、教师法、义务教育法、职业教育法、高等教育法、民办教育促进法、学位条例、国家通用语言文字法以及未成年人保护法和预防未成年人犯罪法等法律法规。

四是学习中国特色社会主义法律体系中的重点法律，学习了解刑法、刑事诉讼法、行政处罚法等国家基本法律，学习了解国家安全相关法律法规，学习公共卫生安全、科学技术普及、生态文明建设、知识产权保护、税务、防治家庭暴力等方面的法律法规和涉外法律法规。

五是引导青少年了解党内法规是中国特色社会主义法律体系的有机重要组成部分。

2. 形成良好的法治意识

法治教育的目标不仅是法律知识、法律条文的学习，而是必须通过对法治的原则、原理、价值、信仰等基本理论的学习，让学生在社会参与中成为具有法治意识、精神、信念和能力的人。[1] 法治意识是指社会公民在学习法治知识、参与法治实践过程中所形成的理解、认同、捍卫法治的价值信念。法治意识包含“法律至高无上的意识”、平等意识、公正意识、权利义务意识、责任意识、规则意识、程序意识等诸多内涵。[2]

青少年处在青春期，正是世界观、人生观、价值观懵懂生成的关键时期，在这个时期，用正确的价值观引导青少年认识世界、改造世界，形成正确的法治意识至关重要。树立学生法治理念、培养学生法治意识，是法治教育的核心价值目标。学生法治意识的塑造与生成，是中国特色社会主义法治梦实现的理念根基。只有将法律知识内化于心，从本质上、根本上认可法律的功能与价值，才能内化为指导行为的内心法则，才能形成法治意识，进而从外在行为表现上自觉践行法律的制度与规则。

公平意识：包含平等意识、公正意识，即平等地对待任何

---

〔1〕 许晓童：《从法制教育到法治教育的历史意蕴及实践策略——基于〈青少年法治教育大纲〉视角》，载《教育评论》2017 年第 4 期。

〔2〕 裴红娟：《青少年法治意识的培养路径——基于学校角度分析》，载《教育探索》2015 年第 6 期。

人，消除偏见与私心，坚守公平正义的法律原则，了解在法律面前人人平等的原则。公正意识即懂得规则公平、机会公平，讲诚信、守法度。只有具备公平意识，青少年才能秉承诚实信用原则，待人公道，处事公平，弘扬社会正气。

权利义务意识：了解权利义务的内容，权利是可以选择的自由，义务是必须履行、不能放弃的责任，二者是辩证统一的，享有权利就要承担义务，没有无义务的权利，也没有无权利的义务。既要培养青少年的权利意识，也要培养青少年的义务意识、责任意识，青少年通过学习权利义务知识，明白在享有法律赋予权利的同时，也要明白义务不可逃避，树立起积极履行义务的意识。

责任意识：了解违法行为将承担法律责任，树立对自己的行为负责的意识，同时，从社会公平正义的价值观出发，对不良社会风气和行为进行监督，对公共权力的运行进行监督。青少年通过树立责任意识，更能了解及体会承担责任的重要性，只有成长为懂责任、有担当的社会主义新青年，才能为优化社会风气，维护公共利益尽到自己作为社会一分子的责任。

规则意识：塑造学生形成正确的义利观，是国际社会法治教育的通行做法。青少年要懂得“可以做”“应该做”“禁止做”这三者之间的法律界限，按照法律规则与公序良俗办事。青少年不仅要知道规则是什么，还要明白为什么制定规则，让规则从青少年的“行为模式”上升为“自我意识”。

程序意识：法律分为实体法和程序法，既要有实体法上的规则意识，还应重视按照程序办事，如在作决策时，遵守民主集中制的程序规则，发扬民主观念，广泛征求大家的意见，使参与者充分发表个人意见，以少数服从多数为基本规则进行民主评议、表决。[1] 青少年积极养成程序意识，充分了解"只有用合规合理的程序，才能保障实体正义公平的实现"的原理和价值。

3. 培养法治实践的能力

法治实践既是法治教育的重要环节，也是提升学生法治素养的重要路径。法治实践适应了法治教育更为注重培养青少年学生法治实践能力的新要求，通过学生法治知识的习得与法治意识的形塑，致力于培养学生主动、积极、高效践行法治实践的能力，培育懂法、知法、善于用法的小公民、新青年。

根据马克思主义实践观，实践是理论的来源，是理论发展的根本动力，是理论的最终目的，是检验真理的唯一标准。学生法治知识的习得与法治意识的形塑，其根本在于培养学生在实际生活中践行运用法律即法治实践的能力。学习法律首先是内化于心的过程，只有将内化于心的知识和意识外化于行才能真正检验教育的实际效果，即在实践中学法、用法，引导青少年参与法治实践，践行法治理念，树立法治信仰。

通过法治实践，得以检验学生法治知识习得的效果，检验

---

〔1〕 参见汪蓓：《日本青少年法治教育改革经验及其启示》，载《学校党建与思想教育》2015 年第 10 期。

学生依法规范自身行为、分辨是非的能力是否得到真正的增强,是否具备运用法律方法维护自身权益、通过法律途径参与国家和社会生活的意识和能力。[1] 培养学生智慧践行法治实践的能力,也是义务教育阶段社会科学课程标准中法治教育的重要价值目标所在。

4. 支撑学生全面发展和终身成长

在青少年心中播下一颗法治教育的种子,就能潜移默化地成为其行为准则与行动指南,使青少年从小养成运用法律思维看待和处理问题,运用法律武器维护合法权益的习惯,这有利于其终身健康成长。法治教育不仅限于法律知识的习得和法律意识的养成,也属于发展学生核心素养的范畴。以"全面发展的人"为核心,青少年核心素养分为"文化基础""自主发展""社会参与"三个方面。其中,文化基础不能离开法治文化以及受其影响形成的社会文化,自主发展离不开法律赋予公民的权利与义务的正确行使,而社会参与要求青少年必须具有规则意识,以更好地融入社会。

法治教育的目标在于培养学生在一个以法律规则为基础的、多元的、民主的社会中所应具有的知识、技能和价值观。学生必须能够理解自己所生活的社会,并积极投身其中。对青少年进行法治教育的本质是促进法律社会化。法治教育有

---

〔1〕 参见《教育部 司法部 全国普法办印发〈青少年法治教育大纲〉的通知》,载中国政府网 2016 年 7 月 18 日,http://www.gov.cn/xinwen/2016-07/18/content_5092493.htm。

助于帮助学生掌握社会活动中的相关道德准则和行为规范，成为有理想信念、敢于担当的人，提高社会参与能力，使他们能更好地“在异质群体中互动”，这对于促使其全面发展、增强社会责任感以及提高其对国家和民族的认同感具有重要意义。

（三）法治实践教育的方式

随着法治教育的深入开展，法治教育的渠道不断拓宽，法治实践教育日益成为又一个重要资源阵地。在法治教育资源内容方面，围绕“将法治教育有机纳入国民教育体系”的目标任务，围绕立德树人的根本任务和德法兼修的相关要求，科学规划教学内容。横向上打通各学科，在语文、历史、地理等人文学科，在生物等自然学科中深入挖掘法治教育资源内容，努力做到全学科渗透（比如，在生物教学中，对学生进行保护环境、尊重人权的教育）、多学科协同、全要素育人。在推行好教育部“一纲一本”要求的基础上，以国家统编教材作为基本的教学依托资源，发挥地方、学校的积极性，支持、鼓励其开发配套的地方读本、学校读本。

法治作为一种社会治理模式，最终要只有转化为公民的法治实践能力才能对社会产生实际的推动效果。当前，法治教育的输出方式如果以灌输式为主，实践性、互动性不足，将导致法治教育停留在简单的知识教授和普法层面，无法形成内化的法治思维和法治意识。只有通过更多的参与型、互动式教育教学模式方式,创造更多的实践参与机会,将规则形成的民主过程、纠纷解决中的权利义务关系、衡量和尊重规则的公共意义与公共法治实践与青少年学生的现实生活联系起来,法治教育才能真正播种下会发芽的种子。

要充分发挥案例教学法在增强法治教育的针对性和实效性中的独特优势。法治教育工作要以贴近青少年生活,提高教育效果为目的。案例教学通过创设法律问题情境,内容鲜活,将法治理念化抽象为具体,将法治教育化有形为无形。采用案例教学法,遵循青少年的身心发展规律,符合青少年以兴趣为导向的感性认识特点,贴近青少年的学习生活实际。通过对案例的细致剖析,引导学生参与、互动、思辨和创新,不仅能够切实提高法治教育的质量和实效,而且可以促进青少年法治意识的自我觉醒。

《青少年法治教育大纲》也明确规定:"要综合采用故事教学、情景模拟(如法庭模拟)、角色扮演、案例研讨、法治辩论、价值辨析等多种教学方法。"教师在教学过程中应根据学生的认知特点,利用法治案例创设身临其境的法治情境,实现法治教育内容与社会现实生活的充分关照,使学生在"从例到理"的法治案例教学中对法治产生真实感受和切身体验,从而提升学生对法律的认同感及分析法律问题的能力。

在法治案例教学的具体操作层面,在选择法治案例时,教师应根据学生所处阶段的法治知识结构与实践经验等来选择,应选取紧扣相关法治知识内容、贴近青少年生活兼具生活化与思考性的案例，让学生充分感受案例背后的社会经验和法治价值，在体验、感悟、思考思辨中完成对知识的内化。在具体运用相关案例时，教师应把法治事件、现实案例和常见法律问题紧密结合，并把这些典型的法治案例作为出发点和主线索，可以通过评述法律基本理论、引导学生分析和解决法律问题、案例模拟、相似案例对比等方式，让学生增强对法律常识的真实感受和切身体验，切实增强青少年的法治观念和法律意识，进而更好地指导青少年的行为实践。

在明确学校是法治实践教育课程主渠道的基础上，针对当前学校法治教育存在的法律知识传授为主、教学模式单一、教育资源不足等问题，支持、鼓励实践基地运用高新技术，实施参与性、体验性、实践性法治教育，积极探索、创新法治教育方式，将抽象的法治知识具象化、生动化，有效利用情景式、体验式、互动式、游戏化等教育方式，充分发挥实践基地作为学校法治教育“校内课堂”内容拓展深化、效果有效提升的作用。

加强青少年法治教育实践基地建设，有利于校外青少年法治实践教育资源的丰富和拓展，开辟了法治教育的校外课堂，让学生有体验、互动、参与的专门场所，能有效解决学不深、悟不透、弄不懂的问题；有利于构建以法治观念养成为中心，实践教学、探究学习等多种模式相结合的法治教育新格局，让法治教育真正“动起来”“活起来”“亮起来”。同时，通过整合和挖掘校内与校外两种资源，实现校内外法治教育有效衔接和优势互补，有利于真正发挥校内与校外的双重优势，更好地实现法治育人的目标与功能。

总之，要坚持集中教育与日常教育、线上教育与线下教育、校内教育与校外教育、知识教育与实践教育的有机结合，通过组织参加全国学生“学宪法讲宪法”系列活动和国家宪法日“宪法晨读”活动，不断提升法治教育的针对性和实效性。同时，加强青少年法治教育实践基地建设，完善实践基地建设与运营机制，优化整合各级各类法治教育资源，多管齐下，才能实实在在提升青少年法治实践教育的效果和水平。

五、核心内涵：宪法教育

（一）宪法教育的重要性

宪法是国家的根本法，是治国安邦的总章程，是党和人民意志的集中体现，坚持依法治国首先要坚持依宪治国，坚持依法执政首先要坚持依宪执政。习近平总书记强调：“党领导人民制定宪法法律，领导人民实施宪法法律，党自身要在宪法法律范围内活动。”[1]从召开首都各界纪念现行宪法公布施行三十周年大会，到修改完善宪法；从建立宪法宣誓制度，到积极稳妥推进合宪性审查工作；从设立国家宪法日，到开展宪法宣传周活动……党的十八大以来，以习近平同志为核心的党中央高度重视宪法在治国理政中的重要地位和作用，把实施宪法摆在

〔1〕 参见《深入学习宣传习近平法治思想　大力弘扬宪法精神》，载人民网2020年12月4日，http://politics.people.com.cn/n1/2020/1204/c1001-31955363.html。

全面依法治国的突出位置,采取一系列有力措施加强宪法实施和监督工作,为保证宪法实施提供了强有力的政治和制度保障。

习近平总书记高度重视宪法教育,他在第五个国家宪法日的讲话中指出,"要在全党全社会深入开展尊崇宪法、学习宪法、遵守宪法、维护宪法、运用宪法的宣传教育活动"[1]。因此,在法治教育内容方面,应坚持以宪法为核心,引导学生认真诵读和学习宪法原文,将宪法教育与历史、国情、传统文化和行为养成教育相结合,这也是培育和践行社会主义核心价值观,厚植学生爱党爱国爱社会主义情怀的核心内容和重要途径。

(二)增强宪法教育的实践性

近年来,教育系统把宪法学习宣传作为重大政治任务,持续深入推进,突出以宪法为核心的法治教育,将宪法教育及宪法实践有机融入学校教育教学、学校管理、学生学习生活的方方面面,宪法教育意识开始深入人心,宪法教育体系逐步发展完善,宪法教育环节持续融入国民教育的全过程。通过宪法教育、广大青少年学生对宪法法治的信仰日益提升,政治认同、国家认同、民族认同不断增强。

1. 融入教育教学

法治教育课程设计以宪法教育为核心,形成义务教育、高

---

[1] 《弘扬宪法精神　树立宪法权威　使全体人民都成为社会主义法治的忠实崇尚者自觉遵守者坚定捍卫者》,载新华网 2018 年 12 月 4 日,http://www.xinhuanet.com/politics/leaders/2018-12/04/c_1123805460.htm?agt=3846。

中阶段、高等教育全面覆盖、有机衔接的学校法治教育体系，小学六年级上册和初中八年级下册专门设置的法治教育专册，集中讲授宪法。进一步做好青少年法治教育工作，应坚持以宪法精神为统领、以宪法理念为引导，以宪法教育带动法治教育的全面深入。[1] 在加强课程教材建设的同时，加大渗透式、融入式、嵌入式的宪法教育内容，让学生在全学段、全过程的法治教育课程中，都能感受到宪法精神和宪法伟力，让学生切实感受到宪法就在身边。

2. 融入集中活动

通过推动各地普遍开展宪法学习宣传、实施“宪法小卫士”行动计划、举行演讲比赛与知识竞赛等形式开展全国性学生学习宪法活动。自2014年首个国家宪法日以来，连续7年在宪法日开展宪法晨读活动[2]。同时，教育部依托全国青少年普法网开展了六届全国学生“学宪法　讲宪法”活动。通过集中开展大赛，采用主题演讲、知识竞答、自由辩论等创新形式，增强比赛的参与性、互动性和趣味性。

自2016年开始，教育部每年组织举办全国学生“学宪法　讲宪法”系列活动，青少年宪法教育的参与度、覆盖率、影响力

[1] 邓传淮：《大力加强新时代青少年学生法治教育工作》，载《中国教育学刊》2018年第3期。

[2] 2021年，8000多万名师生在国家宪法日当天诵读宪法部分相关条款，通过网络视频在全国同步开展、同步诵读，全国近30万所学校观看了活动直播视频。参见《国家宪法日|2021年教育系统“宪法晨读”活动在京举行》，载中国教育新闻网2021年12月3日，https://baijiahao.baidu.com/s?id=1718111484192439618&wfr=spider&for=pc。

和感染力不断空前增长并逐年刷新。活动实现了全学段、全地区的“两个全覆盖”。地域上，覆盖了31个省（区、市）、新疆生产建设兵团以及香港、澳门特别行政区，同时，参与的学生覆盖了大学、中学、小学各个学段。经过数年的精心打造和深入实施，“学宪法　讲宪法”系列活动高居全国十大优秀普法案例之首。截至2021年第六届“学宪法　讲宪法”活动，通过教育部全国青少年普法网参与宪法在线学习的人次超过83亿，超过1.5亿名学生通过教育部青少年普法网进行宪法知识的学习测试，获得“宪法小卫士”称号，达到历史新高。这一活动对推动全国宪法学习宣传教育产生了广泛深远的影响。

实践证明，活动有利于拉近宪法和学生的距离，让青少年学生真正感觉到宪法的权威性是至高无上的，但其具体内容并不是高高在上的，“她”与每位学生的学习、生活息息相关。例如，首届全国学生“学宪法　讲宪法”活动小学组冠军叶子菁同学在演讲中朗诵的一首童谣就是很好的体现——“从小要守法，法律威力大。生活大世界，处处不离它。护己要学法，保护你我他。法前人平等，用法闯天下。齐心来学法，歪风都须刹。弘扬正气好，利民利国家”。

3.融入管理规则

青少年学生的纪律意识、规则意识、平等意识、法治观念、权利义务观念的培养，还体现在学校教育教学活动的细节设计中，如发言要举手、排队有先后、班干部民主选举、座位定期调整等。在制定和修订《中小学生守则》《中等职业学校学生公约》等学生行为规范时，注重强化学生的权利义务意识和规则意识，提出学生要“明礼守法讲美德”“遵守国法校纪”，依法依规行事。同时，通过加强中小学校内部“宪法”——学校章程的建设，体现宪法的基本原理和基本精神，发挥好其在办学中的“根本法”作用。

4. 融入校园生活及重大专题

在升旗仪式、开学和毕业典礼、青少年学生成人仪式、主题班会活动等教育教学环节，开展爱国主义主题宪法教育活动等，培养和增强青少年的国家观念和对社会主义道路、理论、制度和文化的认同感和自信。融入加强党史、新中国史、改革开放史、社会主义发展史等重大专题教育。例如，可围绕“我国是一个统一的多民族国家”的宪法原则，开展民族团结教育，引导青少年树立“五个认同”“三个离不开”的意识，推动铸牢中华民族共同体意识。又如，引导学生利用假期、社会实践活动等契机学习宪法、参与法治实践活动，推动宪法学习制度化、常态化、日常化，让每一天都是“宪法日”。

六、重点内容：民法典教育

2020 年 5 月 28 日，十三届全国人大三次会议表决通过了《中华人民共和国民法典》。《民法典》是我国第一部以“法典”命名的法律，是新时代我国社会主义法治建设的重大成果。习近平总书记指出，“民法典在中国特色社会主义法律体系中具有重要地位，是一部固根本、稳预期、利长远的基础性法律”。民法典的颁布有力地促进了民事立法的体系化,有助于制度的科学化,为良法善治奠定了基础。这也对青少年民法典教育提出了新的任务及要求。

(一)民法典教育的重要性

民法典是以宪法为依据制定的基础性法律,该法对生命健康、财产安全、交易便利、生活幸福、人格尊严等各方面的权利予以平等保护,充分体现了“以人民为中心”的发展理念。民法典的编撰体例充分展现了其以民事权利保障为核心,围绕民事权利的确认和保护而展开的立法思路。其中,“总则”部分规定的平等、自愿、公平、诚信、守法与公序良俗、绿色原则等民事基本原则,也是社会主义核心价值观在民事领域的具体体现。

民法典出台后,习近平总书记强调民法典普法工作的重大意义,指出“加强民法典重大意义的宣传教育”“要广泛开展民法典普法工作,将其作为‘十四五’时期普法工作的重点来抓,引导群众认识到民法典既是保护自身权益的法典,也是全体社会成员都必须遵循的规范,养成自觉守法的意识,形成遇事找法的习惯,培养解决问题靠法的意识和能力”。

青少年群体是民法典普法的工作重点。习近平总书记在《求是》杂志发表的重要文章《充分认识颁布实施民法典重大意义　依法更好保障人民合法权益》中提出,“把民法典纳入国民教育体系,加强对青少年民法典教育”。《教育部“八五”普法规划》对深入学习宣传民法典的要求进行了进一步细化和落实，明确宣传工作重点为：民法典中国特色社会主义的特质、基本原则、基本要求和新规定新概念新精神，推动教育系统干部师生学好用好民法典。由此可见，民法典普法工作是全民普法工作的重点，而青少年的民法典普法工作无疑则是“十四五”时期、“八五”普法工作的重中之重。而民法典教育则是法治教育的有机组成部分和重点内容。

加强对青少年群体的民法典教育，坚持以培育和践行社会主义核心价值观为主线，是增强青少年法治素养、引导青少年树立正确价值观的必然要求，是培养青少年权利意识、引导青少年树立法治思维的重点内容，也是全面推进依法治国、推进国家治理体系和治理能力现代化的必由之路。具体而言，有以下几个方面：

（1）从与青少年权益的密切度来看，民法典与青少年的生活、学习、成长息息相关。它不仅是未成年人权益保护的重要武器，而且是未成年人法治意识培养的重要工具。民法典作为“社会生活的百科全书”，被誉为“送给未成年人最好的礼物”，蕴含了青少年成长成才过程中最基本的行为道德和处世哲学，其中，新增了“家风建设”“居住权规定”“收养评估制度”等与青少年日常生活与权益保护密切相关的条款。

（2）从对宪法教育的作用来看，民法典教育是宪法教育的重要支持及具体体现。《青少年法治教育大纲》指出，青少年法治教育要以宪法为核心。宪法是国家的根本法，宪法的生命力在于实施，宪法的具体落实离不开以民法典为代表的部门法的实施。有学者指出,由于《青少年法治教育大纲》印发时民法典尚未颁布,大纲提出了建设“以宪法教育为核心”的法治教育体系。随着民法典教育纳入国民教育体系,《教育部“八五”普法规划》与时俱进将“以宪法教育为核心,以民法典教育为重点”纳入教育系统法治宣传教育的指导思想。

(3)从育人价值来看,民法典教育可以促进更好地实现教育立德树人的根本目标。青少年时期是人生观、世界观、价值观形成的关键时期,民法典教育就是在青少年时期撒下民法典精神的种子,将在未来人生中生根发芽、开花结果。民法典蕴含平等、公平、意思自治、诚实信用、公序良俗、绿色等重要理念及丰富的为人处世、待人接物、求真善美的基本道理。通过引导青少年学习民法典,理解民法条文背后蕴含的价值理念,帮助早日建立符合民法典价值判断的是非观,有利于增强社会责任感,推动青少年自觉践行社会主义核心价值观。

(4)从培养法治意识和法治素养来看,加强青少年民法典教育,有助于拉进青少年与法律的距离,有利于培养青少年的权利意识和契约精神,尊重公序良俗,平衡当前青少年法治教育“重刑轻民”的取向,进一步完善青少年法治教育学科体系,引导青少年学生学会运用法律武器保护自身合法权利,同时不侵犯他人合法权利,真正做到尊法信法守法用法护法,学会运用法治方式解决问题。

(二)提高民法典普法实效

作为青少年普法教育的一项重要内容,民法典教育是一门新学问，需要学科交叉与学科融合。“十四五”规划时期及之后的民法典教育，应当以民法典法律条文及现行道德与法治系列教材为基础，可组织邀请思想政治、民法学、教育学、心理学等领域研究专家及公、检、法系统的法律工作者、中小学校长、优秀一线老师等，针对青少年法治教育实践基地中适宜展示的民法典内容联合攻关、系统研究和科学规划。

一是应尊重青少年的成长规律和教育规律。从青少年学生法治教育发展的现状和需求出发，在遵循教育规律的基础上，将民法典中适宜青少年法治实践教育的内容整合出来，并且以青少年喜闻乐见的形式进行设计编排，为全国青少年法治教育实践基地提供科学的民法典教育教学资源。

二是突出价值教育，突出民法典中平等、自愿、公平、诚信、公序良俗等基本原则教育，将价值引领贯穿中小学法治实践教育的始终，通过民法价值引领，培养积极、负责任的公民。

三是在内容资源上，突出与各年龄阶段生活、学习相关、相适宜的民事基本知识，如自然人民事行为能力、父母子女权利义务关系、隐私与个人信息保护、基本财产权制度等，注重与其学习生活相关性，避免脱离实际选择学生难以理解的原理知识等。

四是在教育方式效果上，引导学生从“被动听”不断转向“在做中学”“在参与中感悟”，注重民法精神和民法思维的启发和培养，提高学生运用民法分析问题、处理问题的能力，切实提高民法典普法的实效。

七、焦点关注:法治教育师资

决定和影响法治教育质量的因素很多,综合来看,专业化、高水平师资力量对开展好法治教育至关重要,因为法治知识内容传授是基础,领会法治精神实质、真正树立法治信仰是关键,这就需要高素质、高水平的“引路人”。当前,落实法治教育方针,完成法治教育过程的关键是师资,最突出的矛盾也集中于师资,调研显示,师资力量配备及队伍建设方面存在诸多短板。

(一)法治教育师资配备及建设现状

经过近年来的努力,法治教师配备及队伍专业性方面的问题得以较大程度缓解,但问题仍未从根本上得以解决,专业法治教师缺乏仍是制约强少年法治教育发展的关键问题,增强青少年法治课教师的专业素养日益提上重要日程。

在配备数量要求方面,每所中小学配备 1— 2 名专兼职法治教育教师是基本要求。教育部、司法部、中央综治办、共青团中央、全国普法办 2013 年出台的《关于进一步加强青少年学生法制教育的若干意见》中明确提出:“中小学要聘用 1— 2 名法制教育专任或兼任教师。”2016 年 7 月印发的《教育部“七五”普法规划(2016—2020 年)》提出,配齐法治教育课教师,在核定的编制总额内,中小学要配备 1—2 名专任或兼任法治教育课教师。在培训方面也提出了越来越高及具体的要求。2016 年教育部印发的《依法治教实施纲要(2016—2020 年)》中提出，实施国家、省、市、县四级法治教育教师专业素质专项培训计划，实施中小学法治教育名师培育工程，建设若干师资培训基地。到 2020 年，每所中小学至少有 1 名教师接受 100 学时以上的系统法律知识培训，能够承担法治教育教学任务，协助解决学校相关法律问题。

根据教育部青少年法制教育基地、中国政法大学青少年法制教育研究中心对中小学法治教育师资配备情况联合进行了专项调研，结果显示，中小学法治教育师资配置和教学能力严重不足。只有少数学校配备了专职法治教师，85.99% 的教育行政部门和 74.36% 的教研员认为应当配备专职法治教育教师，只有 25.93% 的被调查学校配备了专职的法治教育教师。少数已经配备了法治教育专职教师的学校中，其教师的专业背景也以政治专业为主、语文和历史专业为辅，有法律专业背景的专职教师仅占14.39% 。

调研中还发现，学校的法治教育课多由班主任兼职讲授，有些学校和地方通过法治副校长或邀请法官、检察官等专业法律工作者做专业讲解，频率多为每学期 1—2 节，一些地方法院、检察院设立了“开放日”，通过邀请青少年参观法院、检察院，旁听庭审等形式进行社会法治教育，在一定程度上弥补和缓解了专业教师不足的问题。

（二）加强法治教育师资专业化建设的总体目标

法学本身是一门非常专业的学科，从法律基本概念到司法案例，不仅有大量区别于日常用语的专业术语，同时又直接规范日常生活的具体关系和具体行为，是融合抽象学理和现实规范的一门学科，法治教育更是一门非常专业的学问。如升国旗、唱国歌时应注意什么事项，什么是国籍、公民，什么是监护权，什么是代位继承、人格权、财产权……这些专业知识，不可能作为一种简单的、谁都能讲、谁都能讲好的“常识”附带讲授。同时，受教育者多为未成年人，需考虑其身心发展规律及理解能力，因此是难上加难，需教师专上加专。

从目前整体师资配备上看，很多从事道德与法治课的中小学教师鲜有大学阶段学习法学专业或者有法律专业背景。尽管中小学的法治课程内容貌似较为简单通俗，但没有经过法学兼教育学专业背景的教师仍难以胜任，教授专业的法律知识对他们来说也会有专业焦虑，很容易由于专业意识和能力的缺乏造成误导，出现望文生义而随意解读甚至错误解读的情况，导致青少年形成错误认识，这在后续学习阶段纠错成本很高，甚至根本无法纠错，但目前的任课教师大多是由原先的思想品德课的教师担任，多数教师都没接受过法学专业知识的系统培训，处于“不会讲”“不敢讲”的状态。例如，一些授课老师没有厘清道德与法律的关系问题，甚至在授课时将道德义务与法定义务相混淆，将禁止性规范误讲为倡导性规范，模糊二者的界限，如认为“爱党爱国爱社会主义”只是一种美德，殊不知这是作为中国公民的基本法定义务，这不利于引导学生从小树立法治意识、责任意识、底线意识。因此，明确法治教育师资专业化建设的总体目标，确保方向正确成为首要任务。

第一，要注重专职法治课教师专业能力的提升。一个教授者的专业知识、专业技能和专业情感的发展水平直接影响着法治教育的教学成果。[1] 随着法治教育整体要求的显著提升，新教材中涉及很多法律专业问题，如初中道德与法治教材中有"法治的基本含义""法律与道德的关系""刑事犯罪的特征""民事活动与权利""公民行使民主权利"等内容。要给学生讲清楚这些问题，需要教师具备一定的法学基础知识。扎实的专业知识是讲好法治课的前提，也是进阶更高层次专业素养的重要基础。

第二，要提升法治课教师落实大纲的能力。法治课教师的法治教育标准一般是按照《青少年法治教育大纲》设定，其中对新时代青少年的法治教育，特别是对中小学生的法治教育总体目标、阶段目标、具体教学内容和要求进行了比较全面具体的界定和厘清，如"进一步强化守法意识、公民意识、权利与义务相统一观念、程序思维，初步建立宪法法律至上、民主法治等理念"。但是，这些表述对于中小学生来说还是比较抽象的，尤其大纲作为纲领性文件原则性较强，不能简单"照本宣科"，需要任课教师通过专业知识和专业讲解进行具体阐释，通过专业的法律知识及教育教学方法，提高自主理解和实施大纲的能力素质。

第三，要提升法治课教师的现代法治观念。法治课程上教

〔1〕 董盼婕：《美国中小学法治教育的演变历程及启示》，载《教学与管理》2019 年第 12 期。

师不能只告诉学生要尊法守法、必须履行哪些法定义务，也要告诉学生法律赋予了哪些权利，如何行使和维护自己的权利。不仅要掌握以宪法为代表的公法知识，还要掌握以民法典为代表的私法知识，并且要将二者灵活融会贯通。同时，不能仅仅停留在知识传授的层面，还要增强学生的课堂互动和体检，结合学生们学习生活实际讲清楚法律规则背后的逻辑和理性，即为什么这样规定，权利和义务是什么关系，让学生们在体验实践中形成规矩意识、权利意识、责任意识，拥有在实际生活中运用法律的能力。

（三）专业化、高水平法治教育师资建设的举措

综观法治教育教师培养相关政策要求，法治教育队伍专业素养整体提升要注重以下两个方面：一是“配齐配足，做好增量”，即新入职的专职教师的培养，这部分任务主要寄托于高校专业人才培养。《教育部“七五”普法规划》规定，鼓励有条件的学校录用法学专业本科及以上毕业生担任法治教育专任教师。通过各种人才政策吸引更多政法院校以及综合大学法律专业的毕业生到中小学任教。二是“盘活提升存量”即现有教师的职业培训，探索形成常态化、线上线下有机结合的培训机制，拓宽并保障专职教师的专业培训。

1. 优化师范类高校专业设置，培养专业人才

《国家“八五”普法规划》提出，探索设立“法学＋教育学”双学士学位人才培养等项目，加强法治教育师资培养。《教育

部“八五”普法规划》提出，“鼓励支持师范院校法学院（系）培养更多更专业的法治教育师资后备力量，推动高等院校在师范、法学专业培养方案中增加法学、教育学原理等相关内容”。无论是“法学＋教育学”的“双学士”培养模式，还是对师范类高校培养专业法治教育教师的引导和规划，都意味着新时代法治教育教师培养提出的更新更高的要求，都反映出“法学＋教育学”这一交叉学科的时代趋势。

2018 年 10 月，教育部和中央政法委联合印发的《关于坚持德法兼修实施卓越法治人才教育培养计划 2.0 的意见》指出，要鼓励高校开发开设跨学科、跨专业新兴交叉课程、实践教学课程。推进法学学科体系、学术体系、话语体系创新，鼓励高校组建跨专业、跨学科、跨学院教学团队，实现跨专业的师资交叉、资源共享、协同创新。例如，在北京师范大学等以师范专业为特色的高校中，将法学增加到师范专业培养方案中；在中国政法大学等以法学专业为特色的高校中，将教育学原理增加到法学专业培养方案中，实现学科交叉培养，融会贯通，培养符合新时代要求的法治课专业教师，整体性提升法治课教师的专业素养，这可在一定程度上解专业师资问题的“燃眉之急”。

在交叉培养的基础上，一种更具融合性的“法学＋教育学”一体化的专业设置成为更为理想的解决方案，高校建制化设置和培育“法学教育专业”成为必然要求。据悉，国内有高校如杭州师范大学 2016 年增设了学科教学（思政）专业（法治教育研究方向）的教育硕士点，这是很积极的探索，通过培养法治教育理论研究方面的硕士生，加强政策理论研究引领，走出了法治教育教师专业化培养的重要一步。

长远来看，从源头上、根本上解决法治教育专业师资不足的问题，需全国高等师范院校的法学院回归初心，立足师范教育职责，专心培养专业的法治教育教师。在师范院校本科阶段设置“法治教育”专门专业、学科，这既是对师范类院校对培养法治教育教师的理性呼唤，也是师范类院校之于法治教育最大价值体现，是解决当前和未来中小学法治专业教师队伍培养的“治本之策”。

2. 通过系统培训提升法治课教师的专业能力

大力开展法治教育教师培训，经过系统、专业培训将现有《道德与法治》课教师培养成为可以胜任法治教育专业教学任务的教师，引导法治教育教师成为马克思主义法学思想和社会主义法治理论的坚定信仰者、积极传播者和模范实践者。教育部从 2018 年起持续实施“中小学法治教育名师培育工程”，在中国政法大学、华东师范大学、华东政法大学等高校通过召开专题培训、法治专题报告会、研讨交流会等多种方式，组织开展多层次的教师法治教育培训，培养了一批批中小学法治教育“种子”教师。同时，利用线上教育便捷性及覆盖面广的优势，通过线下 + 线上“稳步推进全体教师法治教育培训及网络法治教育”[1]，不断提升青少年法治教师的专业能力和水平，形

---

〔1〕《教育部 2022 年工作要点》第 29 条全面推进依法治教中指出：“落实教育系统‘八五’普法规划，开展青少年法治教育……推进教师网络法治教育培训。”

成校内校外和网上网下相结合的法治教育专业教师培训与服务支持体系。

按照《教育部“八五”普法规划》的规定，“5 年内对所有道德与法治课教师进行一次轮训”，这是对专业道德与法治课教师的要求，重点是“全覆盖”。针对师资配备不足及专业化、职业化水平不高等问题，从 2019 年起，教育部更加重视强化法治教师队伍建设，将法治骨干教师培训纳入“国培计划”。同时，推动将法治教育培训要求纳入教师职业能力标准，努力让每位中小学教师每年接受不少于 5 课时的法治教育培训，将宪法和法治教育作为相关专业教师培训的必修课。这部分要求重点在于提升中小学教师的法治素养，推动法治教育常态化实施及与相关学科教学的有机融合。

在法治教育教学资源支持系统建设及资源共享方面，应发挥好普法网等平台在优质资源汇集及共享中的作用，建立针对校长、教师、学生群体分类别、分主题的在线学法资源平台。加强全国范围内优质课件资源共享，建立健全法治教育教学资源支持系统，细化教学内容、教学方案，提供相关视听资料和参考案例。提供优质网络学习课程，探索打造国家青少年法治教师线上培训平台。同时，进一步在高水平政法类、师范类院校中优化培训基地布局，加大优质法治教育青少年阅读资源的研发，推进青少年法治期刊建设。

3. 系统规划专兼职人才协同开展法治教育

首先，要注重对中小学校长、法治副校长法治素养和依法治教、依法维权能力的提升,"规划者"和"引领者"的法治素养如何在一定程度上决定了法治教育的受重视程度、系统性和质量水平。中小学校长和法治副校长是开展校园法治教育的引领者。《教育部"八五"普法规划》指出,要深化"法律进学校",推动各级各类学校健全依法治理制度体系,加强学校法治文化建设,切实提升依法办学、依法执教的意识和能力,同时,将其纳入学校主要负责同志任职和工作考核的重要内容。

其次,完善法治教育系统性及协同机制,落实"法治副校长"制度。法治副校长是兼职工作岗位,设置法治副校长是一项重要制度。近20年来,兼职法治副校长制度在增强学校师生权益保护、推进青少年法治教育等方面发挥了重要的作用。法治副校长可以有针对性地开展防范校园欺凌、性侵害等方面法治教育,深化学校及周边环境依法治理,为学校规范化、常态化开展法治教育活动提供坚强领导和各方面的有效保障。

1996年7月,广东省阳江市首创法制副校长制度,从当地政法部门中选派干警担任中小学兼职法制副校长。这种创新的制度符合国情育情需要,展现出强大的生命力,多个省市纷纷跟进和借鉴。

中央社会治安综合管理委员会2000年出台的《关于进一步加强预防青少年违法犯罪工作的意见》,从国家层面首次明确要求各地配齐配强中小学校兼职法制副校长。《青少年法治教育大纲》中将"法制副校长"正式更名为"法治副校长",要求进一步明确和完善法治副校长的职责,健全相关工作机制。

2018年9月1日，最高人民检察院检察长张军担任北京市第二中学法治副校长。2021年1月20日，教育部办公厅《关于印发〈防范中小学生欺凌专项治理行动工作方案〉的通知》中提到，要进一步强化预防机制，发挥法治副校长作用。据统计，截至2020年9月，全国共有33102名检察官担任中小学法治副校长，有效推进了青少年法治教育的深入开展。[1]

为了完善中小学治理体系，健全学生权益保护机制，进一步规范中小学法治副校长聘任与管理，有利于促进未成年人健康成长。根据教育法、未成年人保护法、预防未成年人犯罪法等法律法规，在全面总结以往工作经验与做法的基础上，2021年12月27日教育部发布《中小学法治副校长聘任与管理办法》（以下简称《办法》），自2022年5月1日起施行。《办法》对法治副校长的聘任资格、履职管理、培训及评价等方面进行了细化规定，标志着法治副校长制度向规范化、法治化方向迈进了一大步，各项保障措施的明确和落实将使法治副校长制度在法治教育工作中的作用逐步增强和实化。《办法》呈现出很多亮点和创新点，主要有：

一是完善了法治副校长的聘任机制、流程和要求。《办法》规定法治副校长由人民法院、人民检察院、公安机关、司法行政部门推荐或者委派，并经教育行政部门或者学校聘任。每

---

〔1〕 张军：《推动习近平法治思想走进校园走进青少年心里》，载中国长安网2020年11月20日，http://chinapeace.gov.cn/chinapeace/c100007/2020-11/20/content_12416587.shtml。

所学校应当配备至少 1 名法治副校长，同时明确了法治副校长在政治、业务、身心健康、教育能力等方面应当符合的条件，进一步规范了聘任程序。

二是明确了法治副校长的职责范围。法治副校长在履职期间主要负责协助开展法治教育、保护学生权益、预防未成年人犯罪、参与安全管理、实施或者指导实施教育惩戒、指导依法治理等工作。相关规定拓展了法治副校长的职责任务，有利于进一步充分发挥各派出机关工作人员的法律专业能力和特长优势。

三是强化了法治副校长履职尽责的条件保障。教育行政部门应当会同派出机关制定法治副校长培训方案和规划；派出机关应当采取必要措施，保障所派出的法治副校长在任职学校有必要的工作时间和条件；学校应当将支持法治副校长履职纳入整体工作规划，并结合实际为法治副校长履职提供必要的便利条件。派出机关、教育行政部门可以根据有关规定为在偏远农村地区、交通不便地区学校任职的法治副校长给予食宿、交通等补助。

最后，应重视基层执法机构、司法所和人民调解组织中的法律人才，发挥这些组织数量众多、深入城乡、实践经验丰富的特点，将其作为挖掘中小学兼职法治教师资源的重要增长点。

第三章　实践基地标准化建设的要点

青少年法治教育实践基地既是社会普法教育的重要载体，也是学校法治教育的自然延伸和有益拓展。本章系统梳理对实践基地建设具有全局性、指导性、整体性的政策支持、理念标准、承担职能、功能区设置原则等内容，提出实践基地的建设重点应围绕教育资源区及教育功能区规划和建设展开，以资源研发、教育功能、目标任务、环境条件及资源设施等建设指导为主要内容，实现个性化与标准化、技术与资源、场馆建设与队伍建设的一体化融合发展，增强青少年学生法治实践教育专业功能，形成系统化功能区设置方案。

一、政策措施及实施

教育部、司法部、中央综治办、共青团中央

于2002年联合发布的《关于加强青少年学生法制教育工作的若干意见》中首次提出“加强青少年法制教育基地建设”的要求,强调要继续加强、完善各级各类法制教育基地(中心)建设……在全国地市以上单位或有条件的县(市区)创建一批综合性、常设性、功能齐全的法制教育基地。通过整合各种社会资源,加强青少年法治教育实践基地建设,将其建设成为集实践性、参与性、趣味性为一体的综合性校外法治教育场所,以相对集中的方式,为区域内的中小学校实施法治教育提供支持和服务。

(一)目标导向:系统梳理政策法规要求

教育部、司法部、中央综治办、共青团中央和全国普法办于2013年联合发布的《关于进一步加强青少年学生法制教育的若干意见》提出,“推进青少年法制教育校外实践基地建设。鼓励利用学校结构布局调整闲置的校舍场地,规划建设专门的青少年法制教育基地”。

对于青少年法治教育实践基地建设而言,2016年是具有标志性意义的一年,党的十八届四中全会提出“将青少年法治教育纳入国民教育体系”目标,“法制教育”发展到“法治教育”阶段。自《国家“七五”普法规划》以来,一系列党和国家的全民普法相关政策文件都提出了加强青少年法治教育实践基地建设的任务举措。2016年4月,《国家“七五”普法规划》首次提出强化学校、家庭、社会“三位一体”的青少年法治教育格局，加强青少年法治教育实践基地建设和网络建设。

《青少年法治教育大纲》进一步明确“加强青少年法治教育实践基地建设”的要求，提出“各地要根据实际，积极建设综合性的青少年法治教育实践基地，在司法机关、相关政府部门或者有关组织、学校建立专项的法治教育基地”。《加强实践基地建设的意见》是针对青少年法治教育实践基地建设出台的专门性、纲领性的建设政策性文件，系统阐述了加强“青少年法治教育实践基地”（以下简称实践基地）的重要意义，提出了实践基地建设的目标、要求推进举措与保障措施，明确了组织领导与评估等相关内容。

《加强实践基地建设的意见》明确对实践基地的数量及标准等方面提出了具体要求：“到2020年，在各地统筹建成60所左右的国家级实践基地，各地争取在中等以上城市建立至少1所符合标准的实践基地，在县（市、区、旗）因地制宜、结合实际建立相应的实践基地。”同时，贯彻了共享理念，提出通过整合利用实践基地的资源和技术优势，在有一定基础的中小学设立示范性的“法治教室”，使之具备法治教育基地的基本功能，承担辐射周边学校的任务。

《教育部“七五”普法规划》中规定，加快推进法治教育实践基地建设，以相对集中的方式为区域内中小学校提供法治教育服务和支持。提出要“以国家或省级示范性基地为引领”，同时，“研制实践基地建设运营的相关标准、教育活动内容和管理办法等，逐步加以推广”。将“法治教室”概念发展为具备一定实践性、互动性教学功能的“法治资源教室”。2017 年 4 月，中共中央、国务院发布的《中长期青年发展规划（2016—2025 年）》中强调，加强法治宣传教育，注重运用网络新媒体扩大宣传教育覆盖面，统筹青少年法治教育实践基地建设。

全国教育大会在新的历史起点上全面深刻阐述了新时代教育改革发展的重大理论和实践问题，习近平总书记再次重申“要加强青少年法治教育，使学生养成遵纪守法的良好习惯”，并对进一步加强法治教育提出了明确要求，这为新时代法治教育建设的发展指明了方向，具有里程碑意义。教育部深入贯彻落实全国教育大会精神，将“推动各地建设青少年法治教育实践基地”“加强青少年法治教育实践基地和法治资源教室建设”作为全面推进依法治教的重要工作措施。《教育部关于 2020 年法治政府建设工作情况的报告》指出，要研究起草实践基地建设标准。

2021 年 4 月，中共中央办公厅、国务院办公厅发布《关于加强社会主义法治文化建设的意见》，将青少年法治教育实践基地建设作为社会主义法治文化重要阵地，提出要“完善建设标准，增强实用功能”。2021 年 6 月，《国家“八五”普法规划》继续强调，要“推进青少年法治教育实践基地建设”。

2021 年作为落实《国家“八五”普法规划》的开局之年，党与国家对于全民普法与法治教育提出了更高的要求。在我国进入全面建设社会主义现代化国家新发展阶段的大背景下，《国家“八五”普法规划》明确，在总体上进一步提升“公民法治素养和社会治理法治化水平”、健全“全民普法工作体系”，要求进一步推进青少年法治教育实践基地建设，并提出“推广法治实践教学和案例教学”。

《教育部“八五”普法规划》将“大力推进青少年法治教育实践基地建设”作为重点举措，以整段的篇幅专门、详细地对未来五年的工作进行了周密部署和系统指导，包含以下几个层面的要求：一是建立健全标准层面，重申相关要求，提出建立健全青少年法治教育实践基地标准完善相关组织保障机制。通过政策支持、政府投入、社会参与等多种方式，设立一批布局合理、功能完备、运作规范的青少年法治教育实践基地，鼓励有条件的县（区）建设青少年法治资源教室。二是“试点开展网络法治实践教育”，应对后疫情时代“停课不停学”新形势新任务。三是“两个纳入”，即要求地方教育部门“要将法治实践教育作为中小学综合实践活动的重要内容，将青少年法治教育实践基地纳入社会实践大课堂活动场所范围”。四是课时要求，提出“努力推动学生每年接受法治实践教育不少于2课时”。

通过全面梳理相关政策法规可见，近年来，教育系统深入贯彻落实党的十八届四中全会关于“推动全社会树立法治意识”“深入开展法治宣传教育，把法治教育纳入国民教育体系，把法治教育纳入精神文明创建内容”的精神和要求，以习近平关于教育的重要论述及习近平法治思想为指导，围绕提高法治教育的质量和实效任务，不断创新和丰富青少年法治教育的形式，推动并加强青少年法治教育实践基地标准化、规范化建设。

从《国家“七五”普法规划》到《国家“八五”普法规划》，青少年法治教育实践基地的相关政策文件，一脉相承，不断深化，沿用至今。这些政策法规措施推动青少年法治教育实践基地的具体建设要求不断细化，既有建设数量上的要求，也有建设质量方面的要求。此外，还与时俱进提出与互联网新媒体相结合、增强互动式、体验式，完善基地的建设标准，增强基地的实用功能，发挥社会主义法治文化阵地作用等具体要求。

经过近二十年对法治教育相关政策法规的贯彻落实，青少年法治教育实践基地建设快速发展，粗具规模，已经在全国范围内建成一批综合性的法治教育实践基地。截至 2020 年 12 月 31 日，全国建立青少年法治教育实践基地共 3 万多个。由最开始的快速建设到深入推进、由注重数量范围到注重内涵质量、由部委负责提升到党中央与国家层面、由教育部为参与部门到作为牵头负责部门、由专门性到综合性与专门性相结合，青少年法治教育实践基地建设紧跟时代，形势向前发展。

（二）问题导向：密切关注政策法规的执行

笔者在调研中发现，在实施政策法规规定过程中，始终存在诸多偏差。目前，全国范围内青少年学生法治教育实践基地建设处于发展上升期，潜力巨大，多个省市如北京、广东、四川、贵州、河北等都建有青少年法治教育实践基地。在整体适应新时代法治教育新任务新要求的高度上存在不充分的问题，从全国范围看存在区域间建设质量不平衡的问题。

第一，在资源内容建设及教育模式定位上，以刑法、治安管理处罚法、预防未成年人犯罪法法律知识等内容传授为主的“宣贯式”“灌输式”“恐吓式”教育较多。系统科学的以宪法教育资源为核心的法治实践教育理论、资源体系及运用体系尚未完全形成。从教育内容来看，其准确性、科学性、规范性是实现教育目的的关键因素，即“内容为王”。调研发现，以宪法教育为内容资源建设核心的实践基地偏少，且存在教育资源内容不够专业化、规范化、系统化等问题。

第二，在教育特色上，教育资源内容开发多以法律宣传普及为主，未能很好地遵循法治教育的特有规律，不够专业、科学和系统。以检察系统主导主建的预防青少年犯罪专题法治教育实践基地居多，融合到爱国主义教育基地中依托少管所、劳教所、监狱等单位建设的非主题式、零散式法治教育实践基地居多，综合性、主题法治教育实践基地偏少。

第三，在活动形式上，部分实践基地的活动形式不够丰富，法治教育实践基地多以参观法治教育图片展，多以“参观展板”“普法讲座”等形式开展，互动性较差。活动安排以参观少年犯、劳教人员及戒毒人员的学习、生活、习艺情况，听其忏悔演讲；聘请干警作法治教育报告等为主。[1] 形式较为单一，实践性、参与性、互动性与趣味性不够强，对学生的吸引力不足。此外，高新技术运用不够等问题较为普遍。

---

〔1〕 参见徐辉：《中小学法治教育地方课程改革的设计及实施》，载《教育研究》2017 年第 1 期。

第四,在师资力量上,缺乏专业专职的教师(讲解员),一些实践基地的教师(讲解员)忙于应付日常管理工作,部分基地选择与公检法等法律专家合作,但未形成稳定的专业教师(讲解员)团队。

第五,在地域分布上,呈现出区域发展不平衡的特点,实践基地的建设水平与当地经济、教育发展水平密切相关。整体上看,京津、华东、华南地区的基地建设水平较高,西部地区的基地建设起步较晚、数量较少、基础较弱。同时,呈现出较为明显的城乡差异,部分偏远、落后的农村地区缺乏优质法治教育资源,甚至鲜有法治实践教育的相关活动报道。

(三)与时俱进:牢牢把握新形势、新任务

2015年,教育部会同司法部在北京建设全国青少年学生法治实践教育示范基地,通过青少年普法网建设与法治实践教育基地相结合的方式,利用现代多媒体、互联网、虚拟现实等技术手段,打造以宪法教育为核心的法治教育资源及实践活动项目,探索建设了青少年法治教育实践基地的"样板间"。为进一步规范和推动全国范围内的法治教育实践基地建设,《加强实践基地建设的意见》在总结全国青少年学生法治实践教育示范基地建设经验的基础上,系统阐述了加强青少年法治教育的重要意义、提出了实践基地建设的目标、要求及推进举措和保障措施,明确了组织领导与评估等相关内容,系统勾画了未来青少年法治教育实践基地建设的路线图和施工图。

随着《加强实践基地建设的意见》在全国的逐步贯彻实施，各地青少年法治教育实践基地建设工作随之铺开。司法部普法与依法治理局相关负责人在首届“青少年法治教育国际研讨会”上介绍，截至2019年年底，全国共建成青少年法治教育基地3万多个。[1]《加强实践基地建设的意见》中明确，“到2020年，在各地统筹建成60所左右的国家级实践基地，各地争取在中等以上城市建立至少1所符合标准的实践基地，在县（市、区、旗）因地制宜、结合实际建立相应的实践基地。”

（四）系统设计：推进软硬件的有机融合

内容与形式不可分割，教育资源与教育技术相辅相成、相得益彰。在青少年法治教育实践基地建设中，应推进教育资源内容与装备配备、条件环境的一体化建设，提出法治实践教育“软硬件”最佳结合方案。

首先，坚持“内容为王”原则。形式是服务于内容的，在法治教育实践基地的教育资源区及教育功能区建设部分，法治教育资源内容的选择以《青少年法治教育大纲》为基本依据，对适宜在实践基地展示的内容进行全面梳理，提炼出在课堂教育中难以体验、实践的内容和重点内容，实现与校内课程的优势互补。

---

〔1〕《全国法治教育实践基地标准正在推进》，载搜狐网2019年10月12日，https://www.sohu.com/a/346574793_362042。

其次，要不断丰富法治教育载体。积极探索学习与实践有效结合的法治教育方式，增强教育效果，拓展教育教学内容。“好的内容必须以好的形式展现”才能达到好的教育效果，实现法治教育的“数字化、情景化、生动化”。《教育部关于全面深化课程改革落实立德树人根本任务的意见》提出，“要创新呈现形式，根据学生年龄特点，密切联系学生生活经验，设计教材内容的呈现和编排方式，使之更加生动、新颖、活泼，增强对学生的吸引力”；《教育部“七五”普法规划》强调，“实现数字化、情景化、生动化的法治教育”；《国家“八五”普法规划》指出，“坚持效果导向，在充分利用传统有效的普法方式基础上，建设融‘报、网、端、微、屏’于一体的全媒体法治传播体系，使互联网变成普法创新发展的最大增量”。促进单向式教育向互动式、服务式、场景式教育转变，增强青少年学生的参与感、体验感、获得感，使法治实践教育更接地气，更为学生喜闻乐见。

《加强实践基地建设的意见》强调，“要重视运用互联网、移动通讯、3D 虚拟现实、人工智能等技术，积极探索学用结合的法治教育方式，不断丰富教育载体、拓展教学内容”。在国家教育信息化战略背景下，倡导在条件允许的情况下加强高新技术的运用，尤其在示范版的配备方案中强调以互动式、体验式、游戏化、智能化手段开展法治实践教育。

总之，实践基地建设要推进软件与硬件一体化的建设，要对法治实践教育内容与装备配备方案进行针对性、融入式的结合研究,不仅要明确在教育资源区和教育功能区中需学习、掌握、实践的内容,还应同步提出相应配套的装备、设施、条件、环境等方面的标准要求。例如,为实现宪法教育资源区的仪式教育功能,仪式厅建设应满足“整体环境要庄严、肃穆,色调和谐”的要求,以增强对宪法的尊崇感。

(五)标准适用:综合统筹布局和分层化建设

《加强实践基地建设的意见》中提出,通过“七五”普法规划的实施,到 2020 年,在各地统筹建成 60 所左右的国家级实践基地。此数量规模标准需服务全国学生法治实践教育的实际需求,基于有一定依据的测算预估,综合《教育部“八五”普法规划》关于“努力推动学生每年接受法治实践教育不少于 2 课时”的目标,提倡各地将实践基地教育活动纳入学生综合实践活动课时安排,确保每一名学生在小学、初中、高中等阶段至少参加一次实践基地教育活动,相关情况记入学生综合素质评价档案。

根据统计[1]测算,全国共有普通小学 15.43 万所,在校生1.08 亿人;初中 5.29 万所,在校生 5018.44 万人;高中阶段共有学校 2.19 万所,在校生 3916.84 万人。因此,全国总在校中小学生人数约 19735.28 万人,与“全国 60 所国家级实践基地要求”与“争取中等以上城市建立至少 1 所符合标准的实践

---

〔1〕 参见《二〇二一年全国教育事业统计主要结果发布》,载《中国教育报》2022 年 3 月 2 日。

基地规定要求”，全国大约有333个地级市，平均1个省级行政区管辖10余个中等城市，如果按照每个城市至少1所符合标准的实践基地，1个省级行政区平均大约需要建设10个省市级实践基地。

按照每2个国家级实践基地+10个省市级实践基地大约平均覆盖300多万名学生的需要，考虑到实践基地合理布局要求，明确基地按照大体的人口比例、教育、学校水平在地域间、学校间合理布局。大型实践基地一般适用于城市户籍人口在500万以上人口的城市，批次接待人数为800—1000人；中型实践基地一般适用于城市户籍人口在200万至500万人的城市或同城的第二基地，批次接待人数为500—799人；小型实践基地一般适用于城市户籍人口在200万人以下的城市或同城的第二基地，批次接待人数为100—499人。其中，国家级实践基地具有示范引领作用，因此，对此建筑规模和接待规模应有基本要求，如原则上国家级实践基地应为大型实践基地，年接待量不应少于10万人次。

各地应在县（市、区、旗）因地制宜、结合实际建立相应的实践基地，没有条件的县（市、区、旗）可以考虑选择区域内条件较好的学校，通过建设法治资源教室，日接待量不少于1—2个教学班次，实现法治实践资源在区域内的共建共享。

二、教育理念及原则

青少年法治教育实践基地建设的指导原则和总体思路为：

坚持以习近平新时代中国特色社会主义思想为指导，全面贯彻党的十九大和十九届历次全会精神，深入学习贯彻习近平法治思想，以社会主义核心价值观教育为主线，以宪法教育为核心，以民法典教育为重点，健全青少年参与法治实践机制。

（一）内容资源建设——尊重法治教育价值及规律

按照《青少年法治教育大纲》相关规定，应充分尊重法治教育规律。在教育内容资源建设方面，坚持宪法法律至上，以宪法教育为核心，以社会主义核心价值观为引领，以培养青少年法治意识、法治观念为重点，并符合青少年认知规律及特点。

一是强化宪法权威，以宪法教育为核心开展法治教育。宪法是所有法律的“母法”，具有最高的法律地位、法律权威、法律效力。做好青少年法治教育工作，首先要以宪法精神为统领、以宪法理念为引导，通过讲好宪法故事等形式，营造仪式感，大力宣传国体政体、维护国家统一和各民族团结、公民基本权利和义务等宪法基本内容，深入挖掘宪法的内涵和价值，使广大青少年自觉尊崇宪法、学习宪法、遵守宪法、维护宪法、运用宪法，以宪法教育带动法治教育的全面深入。[1]

二是坚持法治教育与道德教育有机融合，将落实立德树人根本任务有机融入青少年法治教育实践基地建设全过程。同时，强调青少年法治教育应一改过去“德主法辅”的教育模式，

---

〔1〕 邓传淮：《大力加强新时代青少年学生法治教育工作》，载《中国教育学刊》2018年第3期。

将法治教育规律进行深入研究，明确其具有的专业性地位、对德育教育的基础保障作用以及相对独立的价值。

三是遵循法治教育规律，充分考虑教育对象的特定化和教育内容的连续性和递进性。青少年作为特定年龄段的群体，其认知能力是一个不断发展的过程，在不同阶段有具体的表现形式，这直接决定了法治教育在内容选择和方式运用上的不同。[1] 青少年群体有着不同于其他年龄段群体成员的特质，其中，可塑性较强尤为明显。法治教育实践基地在配备法治教育展示资源时应充分遵循连续性原则，充分考虑到学期之间、学年之间、学段之间教育内容的联系，教学装备在技术支撑上应满足教育难度的递进性。根据不同学段青少年的身心特点和成长需求，制订分层次的法治实践教育方案，形成层次梯进、结构合理、螺旋上升的法治实践教育资源体系。

四是要明确法治实践教育活动中学生的主体地位，激发学生主动学习的积极性与兴趣。现代教育理论认为，在教育的过程中，学生与教师是平等的，教师的目标是把学生头脑中的创造火花点燃，因此有“教师是火把”之说。通过调动学生的主动性、积极性和创造性，促进学生潜能的发挥是提高教学有效性的根本途径。以学生为本的法治教育模式应注重考虑学生的需要和兴趣，从学生的角度出发，符合学生的认知能力，只有当学生真正理解法治的内涵与作用时，他们才能逐渐把所学到

---

〔1〕 滕长江、周亮亮：《青少年法治教育问题探析》，载《河北青年管理干部学院学报》2019 年第 4 期。

的法学知识纳入认知结构,进而主动汲取并接受。因此,应注重采用发生在青少年学生身边的案例,采取适合其身心特点及其喜闻乐见的方式进行教学。

(二)形式手段建设——突出互动性、实践性、趣味性

在法律知识的普及、法治思维的养成过程中,实践至关重要,故应加强实践渗透,使法治理念有机融入学生的日常学习生活之中;应深化实践体验,建设法治教育实践基地,整合社会各方优质资源;应增加参与式、互动式、体验式等教育形式,拉近宪法法律与学生的距离。法治教育实践基地作为专题式、专业性的综合实践基地,应积极探索、有效采用情景式等具有实践特点的教育形式,有效结合实践教学与探究学习,充分发挥实践基地作为“校外课堂”对校内法治教育的补充、拓展与深化作用。按照科学性、准确性、实效性原则,恰当选择技术装备手段展示法治教育内容,使青少年法治实践教育成为推进法治教育形式创新的重要平台,成为中小学法治教育课程的重要支持系统。

在信息化高速发展的时代背景下,突出实践式法治教育形式,意味着必须重视高新技术的有效运用。在法治实践基地中,应通过运用互联网、移动通信、虚拟现实、人工智能等高新技术,不断丰富教育载体,提高法治教育效果和质量;积极采用“互联网＋实践基地”模式,以全国青少年普法网为依托,利用互联网数字化手段对实体教育内容进行远程全景式、立体式展示。

《教育部关于2020年法治政府建设工作情况的报告》中指出,应着力推广互动式、体验式法治实践教育。并强调青少年法治教育实践基地与互联网结合,推进"互联网+普法",加强青少年法治教育网络资源开发,为进一步完善青少年法治教育实践基地的建设指明了方向。还可依托智慧城市信息基础平台,将青少年法治教育实践基地纳入智慧城市建设行动计划,与智慧城市协同创新发展,建设成为"智慧法治教育实践基地"。

(三)安全条件保障——坚持以人为本,安全第一

首先,要明确要求凡是进入实践基地的教学装备,必须取得通过资质认定的教学仪器设备专业检测机构出具的符合相关标准的检测报告。除必需的实验用化学试剂外,不得采用含有国家明令禁止的有毒材料,应符合国家相关安全和环保标准。在配备综合实践活动装备时要考虑装备对不同年段学生的适用性,杜绝具有安全隐患的装备。有安全隐患的装备应在教师、实践基地管理人员的监督、指导下使用。

其次,在长效机制建设上,要建立安全保障机制,明确安全保障责任,落实安全保障措施。青少年法治教育实践基地各项安全保障设施措施应适当高于国家规定标准,建立健全法治实践教育活动各项安全管理制度,包括设备安全使用培训制度,健全的消防安全、活动安全、信息安全、安全教育等管理制度体系,具备预防、应对和实施自然灾害、学生意外伤害等突发事件

的方案及措施。

（四）优质资源汇集——倡导共建共享共赢

要进一步完善学校、家庭、社会“三位一体”的青少年法治教育格局，加强统筹规划、科学设计、共建共享，防止简单重复建设。应遵循如下原则：一是各地要结合实际，有效利用学校闲置的校舍场地等现有条件资源。二是整合社会法治教育资源，加强与校外图书馆、博物馆、展览馆、科技馆、司法机关等单位的优质教育资源共建共享。三是加强全国青少年学生法治教育实践示范基地优质法治教育资源的引领和辐射作用，各实践基地间应加强优质法治实践教育资源的共建共享。四是实践活动设计与社区活动共享互通。按照实践育人的要求，以体验教育为基本途径，结合深化“法律进社区”“社区青少年法律学校”创建、社区青少年“心理阳光”行动、“青春自护”行动、“关爱女孩”行动和“中国小公民道德建设计划”等活动开展，在实践基地精心设计和组织开展内容鲜活、形式新颖、吸引力强的社会教育活动。

1. 完善学校、家庭、社会“三位一体”格局

首先，要整合学校、家庭、社会各级各类资源，构筑“三位一体”的法治教育模式，强调共享新发展理念。实施学校教育是青少年接受系统化法治教育的主要阵地，但是单纯依靠学校的教育是远远不够的。只有变学校的个体孤立教育为家庭、社会与学校全方位配合的教育，才能共同承担起对青少年进行法

治教育的重任。父母是孩子的启蒙老师,他们的法治观念、教育方法等直接影响到孩子们主体性人格和法治意识的形成。因此,要建立学校、社会、家庭共同参与的立体教育网络,形成校内校外、课内课外、网上网下相结合的教育合力。

2. 明确因地制宜的建设思路

推进法治教育资源共建共享,应加强统筹协调,科学规划、合理布局,新建与改扩建并行,防止简单重复建设。应充分结合地方需求和特色,切实保证建设质量,法治实践教育资源配置坚持因地制宜原则。实践基地建设要根据当地经济社会发展水平和学校数量、结构,合理确定实践基地的布局、规模,科学设计实践基地的功能、形式,适度集中资源,注重规模效益。实践基地建设可利用学校现有布局结构调整闲置的校舍场地,也可在现有青少年校外活动、研学旅行实践基地等场所中划定专门区域,按照实践基地要求进行建设并统筹管理。此外,应充分利用社会资源,可在综合实践基地中增加专门的法治教育主题、专题区域。同时,倡导充分考虑本校师资条件,实践基地(教师)空间条件,不同地区经济、文化的差异等,进行合理化配备,鼓励民族地区开展具有民族特色的综合实践活动。

3. 有效整合并利用各类优质社会教育资源

一是推进教育系统与相关系统间资源共享,创新服务提供方式,采取政府、社会和企业合作共建、社会化运营等方式,整合各方面资源,探索建立新的建设模式与运行机制。各地可结合实际,在法治教育资源内容开发过程中,充分发挥教育行政部门、人民法院、人民检察院、公安机关和司法行政机关的各自优势，加强统筹协调和沟通协作，共同搭建高水平、国家级法治教育资源开发权威专家平台，形成合力。已经设立的法治教育基地，要与国家级示范实践基地配合，利用实践基地建设的成果和资源，不断完善教育的内容与形式。[1] 同时，强化与校外图书馆、博物馆、展览馆、科技馆、司法机关等优质教育资源的共建共享，丰富实践基地教育资源，提高社会公共文化资源的利用效率。

二是推进教育系统内部优质教育资源共享。按照《中小学综合实践活动课程指导纲要》提出的“地方教育行政部门、教研机构和学校要开发优质网络资源，遴选相关影视作品等充实资源内容，为课程实施提供资源保障”的相关要求，可以由国家教育资源权威专业部门统一制作或在全国法治教师教案评比中遴选实践基地优秀的活动和课程教育资源，通过普法网等途径予以展示宣传，供不同地区的学校学生学习和共享，以提高优秀法治教育资源的利用率；及时推广全国“学宪法　讲宪法”等普法活动中的好经验、好做法，形成示范带动效应，同时充分利用网络上的优质法治教育资源，丰富教学的形式和内容。

三是加强示范资源辐射作用。全国青少年学生法治教育

〔1〕 参见教育部、最高人民法院、最高人民检察院、公安部、司法部、全国普法办、共青团中央于2016年9月1日联合发布的《加强实践基地建设的意见》（教政法〔2016〕16号）。

实践示范基地应加强优质法治教育资源的引领和辐射作用，各实践基地间也宜加强资源共享。近年来，教育部在全国范围内开展《道德与法治》优秀教学案例征集选拔，充分发挥师生在课程资源开发中的主体性与创造性，及时总结、梳理来自教学一线的典型案例和鲜活经验，制作了一批批示范性精品课程，由全国各级青少年普法网站、青少年普法微信公众号陆续推送。一些学校开发了适宜青少年的鲜活生动的微课程上线移动终端，着力构建多层次、立体化、全方位的青少年法治教育网络体系。

四是不断拓展深化细化共建共享成果。为实施优质法治实践教育课程提供高质量、常态化的资源支撑，应及时梳理、分析、评价上传的课程资源，通过综合评定，动态生成分年级、分专题的综合法治实践教育活动课程资源包。各地宜探索和建立优质资源的共享与利用机制，进一步加大力度建设全国、省、市、县、校多级联动的共建共享平台。根据《青少年法治教育大纲》的要求，通过整合利用实践基地的资源和技术优势，在有一定基础的中小学设立示范性的“法治教室”，使之具备法治教育基地的基本功能，承担辐射周边学校的任务。[1]

三、整体功能

《加强实践基地建设的意见》中指出，“各地教育行政部门

---

〔1〕 参见教育部、最高人民法院、最高人民检察院、公安部、司法部、全国普法办、共青团中央于2016年9月联合发布的《加强实践基地建设的意见》。

要支持实践基地承担为区域内中小学开展法治实践教育和评价提供综合服务的职能”。

（一）开展中小学综合性法治实践教育

相对于校内开展的法治课堂教育，青少年法治实践教育更为注重法治教育的实践性，其提供的教育资源内容和设计的教育活动不仅符合青少年认知特点，同时强调教育形式的生动和贴近实践。

首先，青少年法治教育实践基地应彰显教育功能。法律本身不仅具有评价、预测、强制功能，而且具有指引和教育功能。随着市场经济的发展，法律作为一种最低限度的伦理，其工具性和技术性进一步加强，而道德性和教育性相对淡化。青少年法治教育要求把法律的工具性、价值性、规范性和教育性有机结合起来，更加重视法律的精神性、道德性、教育性，强调以人为本。通过对法律知识的习得，防止可能有不良倾向的青少年违法犯罪，这不仅是对其本身的保护，而且是对其他同龄人人身心理安全的保护。在司法实践中，法律也需关注对青少年的特殊保护，重在教育和对不良行为的预防和矫治，积极而慎重地处理相关案件和人员。法学研究也要更多地关注这一领域，拓展研究视野，把青少年法治教育作为一个重要的课题和学科增长点，使青少年在教育与法治的统一环境中健康成长。[1]

---

〔1〕 孙霄兵：《法育应当是中国教育的基本维度》，载《中国教育报》2016 年 3 月 31 日，第 007 版。

因此,法治实践教育实施过程具有综合性,在具体的实施过程中应当将法治教育与思想政治、心理健康有机结合。

其次,青少年的法治教育应秉承实践性原则,实践教育的特点是选择发生在学生现实生活中的情境,通过教师别具匠心的设计,吸引学生参与其中并不断地思考、查阅相关知识、灵活运用法律知识解决问题。法治教育首先要求青少年做到懂法,即基本懂得自己享有法律赋予的哪些权利与需要承担哪些义务;在懂法的基础上守法,使之成为在践行法律精神与维护法律尊严方面具有一定能动性的个体;最终要求青少年尊法甚至参与到法律的实施过程中来,目的是在日常生活中可以将法律与认知相结合,形成尊法守法的自觉性,通过实践的身体力行,能获得比较强烈、直接的情感体验和历练锻炼,帮助学生尊法学法守法,甚至对法律运用自如"随心所欲不逾矩"。

由于法治教育一定是建立在学生的生活基础之上的,即法治教育的内容一定要与学生的生活密切相关,才能引发其强烈的求知兴趣和探索动机。从这个意义上来讲,脱离青少年生活实践的法治教育是难以奏效的。[1] 实践证明,小学生对直观的图片、画面、游戏比较感兴趣,实践教育的重点可以通过引导小学生通过图片来了解法律知识,组织学生做游戏增加对法律的理解,这样既调动学生的积极性,也增加他们的法律体验。中学生有一定的思维能力和判断能力,可通过在课堂上展示日

---

〔1〕 何树彬:《青少年法治教育:目标定位、实施原则与路径》,载《青少年犯罪问题》2016 年第 2 期。

常生活中遇到的法律情境，引导学生思考，相互讨论，并鼓励学生表达自己的观点，这样就会帮助学生形成法治理念。[1]

因此，虽然法治教育离不开告诉青少年“法律是什么”的传授式课堂教学，但同时也应不断提高课堂教学艺术，通过学生喜闻乐见的形式将艰深的法律知识潜移默化地传授给学生，充分发挥校内课堂的主渠道作用。与此同时，通过法治教育实践基地开展的法治实践教育，青少年不仅更直观、生动地了解“法律是什么”，还可通过亲身体验和实践，了解“怎么做”“为什么这么做”“通过什么途径做”“做得怎么样”等实践性教育，青少年主动参与的意识和用法律思维发现问题、解决问题的能力得以强化。

（二）开展中小学法治教育评价

1. 评价的主要内容

《青少年法治教育大纲》指出：“要建立健全科学的青少年法治教育评价机制。”法治教育评价的客体是青少年法治教育的效果，法治教育效果是指通过法治教育使教育对象所产生的稳定的、持续的变化。评价法治教育效果首先要对法治教育评价内容的基本构成维度进行分析，它是法治教育效果评价的基础性工作。[2] 法治教育评价是提升法治教学质量的重要抓手

---

〔1〕 李先军、张晓琪：《美国中小学法治教育的历史演进、特点及启示》，载《外国中小学教育》2015 年第 5 期。

〔2〕 金娣、张远增：《青少年法治教育效果评价的维度、标准及实施》，载《江西社会科学》2018 年第 3 期。

和保障，也是法治教学的指挥棒和实施标准。

缺乏评价机制与监督机制被普遍认为是影响法治教育质量的重要因素。由于长期以来法治教育没有形成独立的课程体系，也不属于应试教育的内容，教育行政部门和学校往往忽视对法治教育的评价，法治教育课程没有完全纳入对教师和学生的评价体系之中，相应也难以引起教师和学生对法治教育的足够重视。有学者认为，由于缺乏科学完善的评价机制，行政部门的监管更侧重普法检查，往往局限于书面材料的检查，而学校为了应付检查，大部分精力放在材料准备上，并没有重视真正的课堂教学效果。[1]

法治教育评价机制无论是在全民普法的层面，还是在教育改革发展的层面都应有其政策法规的要求。从普法层面来看，《教育部“七五”普法规划》提出，将法治知识内容纳入中、高考，将社会主义法治理念、法治素养和法治实践纳入学生考核评价中。《国家“八五”普法规划》进一步提出，增加法治知识在中考、高考中的内容占比。同时，提出要健全普法工作评估指标体系，对普法工作开展情况、工作成效以及公民法治素养提升效果开展综合评估，提升评估的科学性和准确性。

评价的价值非评价本身，评价的结果并非一锤定音而再无后话，从法治教育流程来看，评价是实施教学过程的最后一个环节，但它也是发现问题、解决问题的开始环节。法治教育评

---

〔1〕 方芳：《青少年法治素养培育现状及改进》，载《天津市教科院学报》2017年第2期。

价是为了更好地实现法治教育的目的,通过形成倒逼机制和发现问题、解决问题循环往复的工作闭环,进而提升法治教育的效果,让效果差的变好,让效果好的变得更好。因此,法治教育评价的目的,对于青少年而言,是要激发其学习法治知识、发展法治能力、提高法治素养、参与法治实践的自觉性;对于学校、法治教育教师而言,应激发其开展法治教育的主动性和创造性,促进青少年法治教育形式与内容的不断改进和创新。相信随着评价倒逼机制不断发挥作用,法治教育中师资、课时、课程开发等教育资源方面保障不足、不到位等问题或将迎刃而解。

2. 评价指标维度

从教育改革发展层面来看,中共中央、国务院 2019 年 6 月发布的《关于深化教育教学改革全面提高义务教育质量的意见》中将“加强品德修养教育,强化学生良好行为习惯和法治意识养成”作为德育实效的重要评价指标,纳入坚持“五育”并举、全面发展素质教育的重要内容。作为细化政策措施,教育部 2021 年 3 月发布的《义务教育质量评价指南》对涉及法治教育评价进行了更为详细的规定。一是将学生养成规则意识,遵守校规校纪,遵守法律法规、社会公德和公共秩序的情况,作为社会责任的重要指标纳入品德发展评价中。二是将重视法治教育,有效开发和实施地方课程、校本课程,作为落实课程方案的考察要点,纳入学校办学质量评价关键指标。

法治教育质量的提升涉及方方面面的努力,其效果如何,最终都体现在学生的法治素养如何。“开展青少年法治教育效果评价不仅要关注学生法治知识掌握，更应关注他们的日常行为表现，还要重视学生法治思维和法治能力的提高。”[1]作为客观事实的法治教育效果只能从外化的行为能力等方面去评价，可通过法治常识能力、法治知识能力、法治理念能力、法治思维反应能力、法治实践能力五个维度对学生的法治素养进行综合评价。

五个维度可分为三个层面：一是法治常识与法治知识维度，主要包括法律知识与法治历史沿革；二是法治观念与法治精神，主要是价值观和伦理层面；三是法治思维与法治实践能力，主要涵盖法治经验和法治能力等。这三个方面共同构成法治教育的评价体系框架。青少年法治教育效果具有年龄特征，应以五个维度作为一级指标，按小学、初中、高中、大学阶段法治教育分别建立评价标准进行评价；要注重结合青少年的学习和生活，将反映法治思维、法治观念的行为、态度和实践作为评价的重要方面，增强评价的科学性和有效性。

(1)法治常识能力

法治常识能力是指处于特定年龄阶段的公民在法治生活中所必须具备的“法常识”和“法方法”。“法常识”是陈述性法治知识的有机构成部分，是概括性、广泛性的法治知识，包括法的正当性、公民的权利与义务、政府与公民的关系、公权和私权的性质、公民的权利受损时法律救济等方面的知识。“法常

---

[1] 金娣、张远增：《青少年法治教育效果评价的维度、标准及实施》，载《江西社会科学》2018年第3期。

识”通常以法治文本性知识、法治实践性知识及法治方式三种形态出现。“法方法”是指程序性知识，包括以下四个方面的内容：存证、取证、举证等证明和认定法律、事实的方法；判断、归纳、推理等法律逻辑的方法；同一律、矛盾律、排中律等法律逻辑规律；“诉讼方式”、权力规制、程序正当等。法治教育中，青少年首先要学习法学常识，增加在生活中灵活运用的能力。对此，可以采用速度性知识测验的方式评价青少年的法治常识素养，并采用百分制或等级制表示评价的结论。[1] 法治常识能力是青少年形成法治意识、指导法治实践的基础和前提。

（2）法治知识能力

法治知识能力主要是指青少年掌握法律相关知识和法治历史沿革等情况，可具体化为法学概论、法治与人治关系、法治与政治关系、法治与经济关系、法治与文化等方面。

法治知识包括但不限于以下相关知识：法治概念、法律条文、法律原理、法律的体系、法律常识、国际知识（国际组织）、宪法及宪法相关法、刑法知识、社会法知识、民商法知识、行政法知识诉讼和非诉讼法知识、经济法。法律知识是法治教育最基本的构成部分，也是法治教育必须承担的最基本的任务。法治教育的一个重要任务就是普及社会主义法律知识体系，特别是与公民生活密切相关的宪法、民法典、刑法、教育法、未成年人保护法等，这些法律基本知识是每一个社会主义合格公民都

---

〔1〕 参见金娣、张远增：《青少年法治教育效果评价的维度、标准及实施》，载《江西社会科学》2018 年第 3 期。

必须具备的。

历史使人明智，对法治历史沿革的认识是青少年理解法治必要性的重要途径。法治历史沿革的学习能让青少年理解法治的重要性和必要性，从历史维度理解全面依法治国战略的重要性，也能使其理解法治在人类社会中的发展逻辑，从而坚定走中国特色社会主义法治道路的信念和自信。

(3)法治理念能力

法治理念主要是指青少年应建构内在的法律知识和概念体系，最终形成正向、准确的理念层面的法律存在。"一切法律中最重要的法律，既不是铭刻在大理石上，也不是铭刻在铜表上，而是铭刻在公民们的内心里。"这种法治理念，一方面是法律知识教育的结果，另一方面也是对人类社会法律发展的历史背景的理解。只有经过长期的法治教育，青少年才能明白，法律作为社会规则规范，是公民行为的规范指引，是社会关系的调节器，是人类社会治理的必要和最优选择，否则将导致社会混乱，最终使得公民个人权利不保。[1]

法治理念包括但不限于以下法治意识：自我权利意识、尊重权利意识、义务意识、尊法意识、守法意识、平等意识、规则意识、法治意识、法治观念、法律救助意识、法律信仰、安全意识、公平竞争、自我保护意识、法治方式、诚信意识、契约精神（合同）、环境保护意识、国家意识（爱国意识）、国际意识（国际组

---

〔1〕 冉亚辉：《论法治教育的基本目标与构成维度》，载《教育科学研究》2017年第8期。

织等)。

(4)法治思维反应能力

法治思维是指按照法治的理念、精神和原则,运用法律逻辑思考、分析、判断和处理各种实际问题的思维方式。[1] 法治思维教育是国家法治思想得以深入人心和长久践行的重要保障。法治思维内涵丰富和深刻,根据《青少年法治教育大纲》提出的内容和要求,结合青少年学生认知基础和生活实际,青少年法治思维培养主要包括合法性思维、遵守规则思维、维护权利思维、承担责任思维、公平正义思维、民主参与思维、程序优先思维等。[2] 对青少年而言,考察法治思维,就是考察其对法律问题的敏感性和判断力。遇到问题时,青少年首先要判断该问题是不是法律问题;其次,判断属于哪个类型的法律问题,如宪法、民法、刑法等;最后,根据不同类型法律问题去寻找法律依据,运用事实和法律来解决问题。培养青少年的法治思维,首先,要帮助青少年丰富法律法治知识;其次,要引领青少年从法治视角观察现实生活;最后,要指导青少年应用法律知识探究和解决现实问题。

(5)法治实践能力

法治实践能力是指将法作为行为规范的实践活动的能力,具体而言就是指法治运用能力,即青少年基于判断力处理问题

---

〔1〕 郑齐猛:《论法治思维》,载《探索与争鸣》2013 年第 2 期。

〔2〕 裘高飞:《青少年法治思维培养论析》,载《中学政治教学参考》2019 年第 29 期。

的能力。法治能力既包括青少年学习法律知识和法学常识之后产生的综合法治思维能力,也包括运用法治知识与方法,处理现实社会生活中的法治问题与用法治方式治理社会的法治实践能力。法治能力的形成是法治教育的重要任务之一。法治能力不是简单地识记法律知识,而是体现为青少年在面对复杂的社会治理和社会矛盾时,处理法律问题的原则性、协调性和灵活性。

教育者可运用大量真实的案例和有趣的情境来引导学生获得上述技能,[1]包括但不限于以下相关法治实践能力:遵守法律规定能力、法治问题分析能力、法治问题解决能力、法治策略应用能力、法治救助他人能力、法治问题探索能力、法治观点表达能力、法治问题提出能力。法治实践能力具体表现为:在社会参与中清楚表达有关法律问题的思想、信念与意见;发展与来自各种背景和环境的人交流互动的能力;劝说他人关心与法律有关的信念与行动;集体参与规则的制定与目标的确定;通过商量、谈判、妥协与冲突的解决来达成共识;与他人一起就假设的或真实的法律及与法律有关的社会问题作出决定。

在实践生活中,法治实践能力要求青少年了解寻求法律救济的途径和渠道,分清调解、仲裁和诉讼等争议解决方式的区别与联系,了解政府、法院和检察院等所负责处理不同类型法律问题的职能。在遇到争议时,青少年能准确及时地选择救济渠道,运用法律武器来维护自身合法权益。法治实践是认知感

---

〔1〕 谢佑平、王永杰:《多元视野下的美国青少年法治教育:途径、策略及启示》,载《青少年犯罪问题》2007 年第 3 期。

悟的基础和学习的途径,青少年在亲身参与法治实践活动中才能深刻理解、学会应用法治知识。因此,要加强对法治实践环节的评价考核,组织引导学生积极参与法律实践活动,使法治观念、法治思维逐步内化于心、外化于行。

3. 不同学段的评价重点及权重

(1)小学阶段

法治知识能力:10%;

法治常识能力:40%;

法治实践能力:20%;

法治理念能力:20%;

法治思维反应能力:10%。

(2)初中阶段

法治知识能力:20%;

法治常识能力:30%;

法治实践能力:25%;

法治理念能力:20%;

法治思维反应能力:5%。

(3)高中及以上阶段

法治知识能力:20%;

法治常识能力:30%;

法治实践能力:25%;

法治理念能力:20%;

法治思维反应能力:5%。

青少年法治教育评价不是教育一家之事,需政府、社会、家庭等多方参与、协作配合,可结合社会诚信体系建设、精神文明创建等机制,探索建立社会各方参与的综合性青少年法治素养评价机制。各地区、各部门可积极探索学生参加社会实践、社区服务的有效机制,建立健全学校、家庭、社会相结合的中小学生教育体系和社区综合评价体系。在配备法治实践教育活动装备时应加强学生综合实践活动互联网平台建设,数据化、写实性呈现法治实践教育活动动态信息,着力构建学生综合实践活动信息化、智慧化评价体系。

(三)开展青少年法治教育研究

依据《加强实践基地建设的意见》,青少年法治教育研究是一个重要功能板块。高等院校、专门研究机构是法治人才培养和法治理论研究的第一阵地、前沿地带,具有鲜明的学科、知识和人才优势,发挥着不可替代的作用。近年来,教育部联合中国人民大学、北京外国语大学、中国政法大学、华东师范大学、华东政法大学、杭州师范大学、广东外语外贸大学、四川师范大学等高校和所在地教育厅(教委)成立青少年法治教育研究中心、青少年法治教育协同创新中心,加大对法治教育的理论研究力度,通过加强政策研究、科研引领作用,组织统筹整合研究力量,聚焦青少年法治教育重点难点,进行重大研究项目攻关,为法治教育走向专业化、科学化提供坚实理论和专业支撑。

《青少年法治教育大纲》指出，要充分利用高等学校、研究机构的相关科研力量，深入开展青少年法治教育理论研究，为法治教育教学提供理论基础和学理支撑；要加大对青少年法治教育研究的扶持力度，设立专项科研课题，特别要设立面向一线教师的法治教育研究课题，鼓励中小学教师与专业研究人员开展合作研究，及时总结、交流和推广研究成果。[1] 近年来，我国不断深化高校法学专业建设，着力打造具有中国特色和国际视野的学科体系、学术体系、话语体系，不断打破高校和社会之间的体制壁垒，将实际工作部门的优质实践教学资源引进高校，加强校企、校地、校所合作。

目前，青少年法治教育实践基地方面的功能发挥还不够充分。假以时日，在高校等科研机构的引领带动下，随着法治教育实践基地建设质量的不断提升，应不断加强与高校等学术机构、教育技术与资源专业机构的合作，有效整合场地、专家、资源、技术、团队等优势，打通校内与校外、理论与实践，对涉及制约青少年法治教育实践基地建设质量中的关键问题联合组织课题研究，通过切实解决法治实践教育中心普遍问题，整体提升实践基地的建设质量，使实践基地成为继高校后法治教育理论研究的又一“智慧高地”。

---

〔1〕 参见《青少年法治教育大纲》，载中国教育和科研计算机网 2016 年 7 月 19 日，http://www.edu.cn/edu/zheng_ce_gs_gui/zheng_ce_wen_jian/ji_chu/zong_he/201607/t20160719_1431465_3.shtml。

四、教育资源区及教育功能区的设置原则

(一)系统规划教育资源区和教育功能区

《加强实践基地建设的意见》提出,实践基地要满足"具备相应的活动场地和设施,设立多种功能区域"的要求。实践基地设计应深入思考教育学、设施技术与法治实践教育空间之间的互动关系,促进空间功能、设施设备与教育目标之间的协调统一。设计应体现基于资源呈现及功能实现需求、基于实证的法治实践教育空间建设理念。

结合全国青少年学生法治实践教育示范基地的建设经验,应实行分类化、分层化的区域设置,根据法治实践教育内容资源及功能需要,建设宪法教育资源区、民法典教育资源区、未成年人保护教育资源区、中外法治文化教育资源区 4 个以资源内容建设为重点的区域;同时,建设法治实践模拟区、法治资源教室(实践基地内)、展演区 3 个以功能建设为重点的区域。区域的划分是纵横交错式的,以特定教育内容资源为纵向标准及以泛在式、综合性技术功能为主的横向标准,二者科学并存,确保教育内容资源及实践功能支撑的全覆盖。具体到每一个教育资源区或教育功能区,应按照文科类教育资源建设不宜量化的特点,强化以满足教育需求为主的目标导向,将教育功能建设要求分为设置依据及原则、目标任务、资源配备等层面。

(二)科学处理普适性与特色化的关系

一是各地可结合本地青少年法治教育实际需要和地方法

治教育特色资源，自选设置教育资源及教育功能区，充分调动地方积极性、能动性和首创精神。实践基地在配备设施装备时要与地方综合实践活动基地统筹考虑，突出差异化、特色化发展，避免重复建设。为避免“千地一面”，倡导配置能充分体现本地特色的与法治教育相关的历史名人事迹、历史遗迹、文献资料、典型事例案例等法治资源。例如，山东高密青少年法治教育基地结合本地历史文化特色，在该基地的一楼大厅，设有一组“三贤风范”的主题浮雕，以被尊为“高密三贤”的晏婴、郑玄和刘墉人物作为浮雕元素，展现三贤风采。

二是在装备配备设施方面，既应反映包括总体资源配备等建设要求，又宜结合各教育资源及教育功能区不同的设置依据及原则、功能、目标任务，建设中应设计针对性的不同的具体方案。

三是在资源及配备具体要求方面，可将法治实践教育活动的装备配备要求分为“标配”和“选配”两种。法治实践教育活动的装备配备要满足基本性、规范性的必配要求，能满足开展常规的、基本的法治实践教育教育活动应配备的教学装备，包括安全防护、教具、讲解装置、多媒体教学资源及系统、主题教育资源及设备、模拟职业服饰及道具等。为提倡高起点建设，使实践基地成为青少年法治教育理念更新、形式创新的重要平台，在达到“标配”基础上可根据实际增强运用互联网、移动通信、虚拟现实、人工智能等高新技术。例如，在民法典教育资源区、未成年人保护教育资源区，可选择配备模拟体验各种不同现实场景的 VR 人机交互教育系统、资源及装备等。又如,在法治资源教室,可以选择配备可即时为学生进行法治知识答疑的人工智能系统、资源及装备等。

四是在规范性与示范性方面,作为实践基地标准化建设,应该体现一定的规范性。一方面,应符合各地各场馆建设的基本要求;另一方面,根据《加强实践基地建设的意见》“集中力量,高起点建设”“实践基地建设要根据实际,按照或者参照教育部、司法部设立的‘全国青少年学生法治教育实践示范基地’的标准”的要求,充分学习借鉴示范基地的建设经验,追求高起点、高标准的建设质量。

(三)形成有针对性、层次化的教育活动方案

法治教育成为从义务教育贯通到高等教育的国家课程,对学生终身发展意义重大,应按照青少年认知规律及特点,按年龄、认知来分阶段、分层次,循序渐进地设计并实施法治教学活动。《青少年法治教育大纲》中结合青少年与家庭、学校、社会、国家的关系,针对不同阶段青少年提出了具体的、分层次的法治教育工作要求、目标和内容的要求。实践基地建设中也应将规则教育、习惯养成与法治实践相结合,深入研究适应不同年龄段、不同学段青少年学生的需要,制定分阶段、多层次的教育活动方案及操作细则。

《青少年法治教育大纲》为不同阶段的法治教育设置了递进的目标,并细化了各学段的教学内容与要求。例如,对义务

教育阶段学生的要求是“初步了解”，对高中学生的要求是“全面了解”，对大学生的要求是“具备能力”，这种循序渐进的法治课程设置，充分尊重了学生的成长规律和教育规律。《青少年法治教育大纲》将高等教育阶段也纳入法治教育范畴，体现了法治教育在学校教育体系中的连续性，并注重增强不同学段之间的连贯性。

鉴于高等院校法治实践教育资源较为丰富，从小学低年级到高等教育阶段学生认知能力差异跨度过大，且高等院校培养法学专业人才与提升高等教育阶段学生法治素养二者容易混淆，故暂未将高等教育学生法治实践教育部分纳入研究，主要聚焦在中小学法治实践教育领域。由此，实践基地中的法治教育资源区及法治教育功能区也应将实践活动装备配备方案分为小学低年段、小学高年段、初中、高中四个部分，以充分贴合义务教育阶段学生在综合实践活动中的不同特点和需求。

综合实践教育内容安排、讲解难易程度、参观学习路线及活动时长等因素，总体将教育目标任务分为小学低年级（1—2年级）、小学中高年级（3—6年级）、初中和高中四个层次。按照教育规律由浅入深、由易到难，呈螺旋上升：小学低年级阶段注重法治意识和规则意识的启蒙，侧重普及法治常识，养成守法意识和行为习惯；小学中高年级阶段注重培育学生的国家观念、规则意识、诚信观念、契约精神；初中阶段侧重培养学生个人成长和参与社会生活所必备的法治素养；高中阶段侧重了解中国特色社会主义法治体系基本框架，形成对中国特色社会主义法治道路的认同。

（四）严格审查内容资源的合法性和科学性

法治教育直接涉及建设者接班人培养质量，意识形态属性强，在培养担当民族复兴时代新人过程中起着不可替代的重要作用。青少年处于儿童向成人过渡的关键时期，其人生观、价值观尚未定型，此阶段接触到的任何信息都会对其产生重大影响，尤其是错误的信息一旦输入终身都难以修正。[1] 为保障教育资源内容的正确性、科学性、规范性，建议针对实践基地法治教育资源建设的质量建立严格的事前审查制度，由相关教育行政部分负责对实践基地实践教育各类资源、与中小学道德与法治等课程教材匹配的资源、实践基地讲解员讲解内容及体现地方特色的自配教育资源内容等方面严格规范，也可由权威国家机关如教育机关或监察、公安、检察院、法院等集中统一提供标配的内容资源。

首先，应严格审查实践基地的主题宣传片。主题宣传片如同一个场馆的"灵魂"，能恰如其分地切中并升华主题，彰显独特的精神力量和文化内涵。2016 年 12 月 4 日，历史建筑、中华人民共和国第一部宪法的起草地（杭州西子湖畔，北山街 84 号大院 30 号楼），被设立为全国第一家以宪法为主题的陈列

〔1〕 参见李鹏鸽：《大众传媒低俗化对青少年法治教育的影响及对策》，载《中学政治教学参考》2016 年第 1 期。

馆——“五四宪法”历史资料陈列馆，填补了我国宪法主题纪念馆的空白。习近平总书记对“五四宪法”历史资料陈列馆作出重要指示，强调要“普及宪法知识增强宪法意识，弘扬宪法精神推动宪法实施”。从开馆的第一天起，观看环幕影院播放的《宪法诞生记》宣传教育片就成为参观游览的必备项目。《宪法诞生记》记录并重现了 1954 年毛泽东主席亲自率领工作班子在杭州起草在我国第一部宪法的历史，珍贵的影像资料将人拉回到那一个重要历史时刻，极具历史厚重感和感染力、穿透力，令人震撼。

实践基地的主题宣传片的影像资料内容应包含：习近平法治思想、习近平总书记对青少年宪法法治教育工作的重要批示指示，特别是关于宪法教育、民法典教育的重要讲话和重要论述；党领导人民制定宪法及党领导全国各族人民革命、建设、改革的光辉历程；建设中国特色社会主义法治国家的目标、任务、举措；全国学生“学宪法　讲宪法”活动、国家宪法日“宪法晨读”活动精彩片段；具有本地特色的法治教育相关文献资料、典型事例案例等。

（五）配备适量专兼职结合的专业人员队伍

实践基地建设不仅包括“物”的建设，而且包括“人”的建设。科学运用实践基地的教育资源开展法治实践教育活动需要高素质、高水平的“引路人”。小学法治教育中涉及 30 多部法律法规，初中涉及 50 多部法律法规、6 部条例和司法解释，其涉猎面之广可见一斑。法学作为一门严谨的社会科学，其体系严密，分支庞杂，术语规范，随着年级的升高，法治实践教育资源建设中涉及的知识内容和学生的思考会越来越深入，对实践基地专业人员的要求就会越来越高。

青少年法治教育基地是实践教书育人的重要阵地，应对涉及管理尤其是教育课程规划实施的专业人员设置严格的职业准入；应确定满足法治实践教育所需的岗位及其能力要求，并确保配备数量充足、有能力胜任的人员从事这些岗位的工作；应采取培训或其他措施，确保相关人员胜任其岗职责要求。负责青少年法治教育实践基地专业工作的人员因直接接触学生并有跨学段跨年级的教育教育任务，其资格准入标准应当参照并适当高于教师标准执行，并不得有犯罪记录、精神病史、吸毒史等不良行为记录。

实践基地讲解员的作用正如教师之于课堂，起着重要的引导功能，法治实践基地开展的教育活动是反复的、集中的“大课堂”，需要很强的专业知识背景作为支撑。法治实践教育需要精通法律理论、法律知识并拥有丰富实践经验的法律专业人才。法治知识讲解作为培育法治观念、法律意识的基础，贯穿于法治教育的始终，可以正确引导和加深青少年学生对法治知识的理解。只有高水平、专业化的教师（讲解员）队伍才能在教学中有意识地将法律知识、法律问题与实际情况紧密结合，运用多种教学方法培养学生运用法律的能力，提高法治实践教育质量。[1]

加强实践基地教师(讲解员)队伍建设是一项系统持续的工作,其中主要包括职业关口的严格准入和职业发展中的精心、持续培养。

在职业准入方面,法治教育实践基地应配备法学、教育学、心理学等相关专业的专职讲解员,最好是兼具以上学科背景的、复合学科背景的人员,原则上应该由具有教师执业资格与法治实践教育相关专业背景或具备相关专业素养的专职人员担任且应经专门系统的培训后持证上岗。根据实际需要,实践基地每个教育资源区及教育功能区应配备不低于1名具有相关专业背景的专职专业教师(讲解员)。在职业准入条件方面,与法治教育专业教师培养同理,加强师范类院校法学院的专业法治教育教师培养力度,是解决专业教师(讲解员)奇缺问题的"治本之策"。

在职业教育发展方面,加强对法治实践教育专业教师(讲解员)的业务培训及教学资源建设。应通过定期的业务素养培训,保持教师(讲解员)的专业性和队伍稳定性,宜配置包含教师(讲解员)教学、学生学习、讲解员(教师)培训等功能模块的实践教育资源系统,配备实践教育设计方案、主题教育演示文稿、视频等课件资源,支撑其专业能力的提升。

同时,灵活引入专业兼职队伍也是解决专业师资(讲解

---

〔1〕 王守琼:《我国中小学法治教育的限制因素及突破路径》,载《教育评论》2018年第9期。

员)奇缺问题的有效路径:可以邀请有实践经验和教学能力的法官、检察官、警察、律师等专业人员到实践基地担任兼职教师(讲解员);倡导引入志愿者服务机制,鼓励具有法学专业背景的在校大学生、实习律师到实践基地开展志愿讲解,丰富法治教育实践基地的人才储备。

为满足法治实践教育要求所需的工作岗位包括但不仅限于:业务负责人等管理人员、负责设计及实施教育方案的讲解员(教师)等专业技术人员、其他服务支持及后勤人员。为保障法治教育实践基地的专业技术含量,实践基地应对技术人员占比设置最低底线要求,工作人员编制总数主要根据实践基地建设规模确定。管理人员宜占总数的10%—15%,专业技术人员宜占总数的20%—40%,服务支持及后勤人员宜占总数的45%—70%。

第四章　教育资源区域建设重点

为贯彻落实《教育部“八五”普法规划》关于“以宪法教育为核心，以民法典教育为重点”的原则，增强对青少年学生法治意识的培养，提升青少年学生的自我保护意识，实践基地中以资源内容建设为重点的区域应为宪法教育资源区、民法典教育资源区、未成年人保护教育资源区、中外法治文化教育资源区。本章重点依据《中华人民共和国宪法》《中华人民共和国民法典》《中华人民共和国未成年人保护法》《中华人民共和国预防未成年人犯罪法》《中华人民共和国教育法》《中华人民共和国义务教育法》等与青少年学生的学习、生活、成长息息相关的法律内容，结合青少年法治教育的重点任务，分别按照以上四个教育资源区建设重点，研究提出分层次的教育目标和系统的资源与配备方案。

一、总体教育资源配备

《依法治教实施纲要（2016—2020 年）》中提出，“研制标准化的实践基地教学内容、课件资源和管理办法等，逐步加以推广”。本章对实践基地的总体资源配备提出了概括性建议，提出了适宜所有场馆和区域的标准配备及选择配备的各类资源。

（一）标准配备

1. 配备青少年法治教育主题宣传片。

2. 配备适量的、专业的专兼职教师（讲解员）队伍。

3. 配备适宜比例及数量的管理人员、专业技术人员、服务支持及后勤人员。

4. 配备适宜青少年群体阅读的法治教育类图书、期刊、影音等学习资源。

5. 配备具有线上预约、参观导览、行程安排、信息确认、身份采集、跟踪评价分析等功能模块的系统。

6. 配备包含讲解员（教师）教学、学生学习、讲解员（教师）培训等功能模块的实践教育资源系统，具有实践教育设计方案、主题教育演示文稿、视频等课件资源。

7. 设置路线规划标识、教育资源和教育功能区域标识以及每个教育资源和教育功能区基本说明。

8. 综合各功能区整体布局情况,设置适量可供互动、答疑、总结的讨论交流区,配备适量设施、设备及学习用具。

9. 配备可从专业知识能力、法治常识能力、法治实践能力、法治理念、法治思维反应能力等维度对学生法治能力进行综合评价的题库资源及系统。

(二)选择配备

实践教育应当与课堂教育错位发展,作为对校内课堂的有益延伸和补充,实践基地校外课堂提倡采用智能化、数字化、互动式等系统及装备作为载体和展示手段。这类资源属于倡导性条件,各地各校可根据经济条件和实际需要决定是否采用。具体包括:

(1)法治知识的智能化展示及讲解装置;

(2)适量的互动式活动任务发布和接收任务完成情况的系统及装备;

(3)可即时为学生进行法治知识答疑的人工智能系统、资源及装备。

(三)执法课程资源

实践基地可通过加强与执法部门的协作配合,丰富专业的主题实践教育资源。执法课程资源是一种特色化、专业化资源,实践基地可与各方执法部门根据其职责和专业优势,合作建设专题实践教育资源。按照“谁执法谁普法”的原则，将《青少年法治教育大纲》的内容与执法单位的工作职责特点相融合，构建部门间协调联动工作机制，各职能部门充分发挥自身优势，联合制订科学的工作方案和计划，形成实践性教学和体验式教学方案。

北京市东城区教育法治部门的一项调查显示，目前学校普法活动和合作单位较为单一，受调查的学校普遍认为在法治教育基地开展合作将更受学生欢迎，学校希望与更多的部门合作开展普法活动，除与消防、公安、法院等部门合作外，还希望与环保、食药监、消协、检察院、人大、政协、税务、工商等更多的部门开展合作，共同研发相关专题执法课程资源，希望通过这些延伸的教育资源，引导学生思考，增强实践教育的效果。针对该需求，北京市东城区组织执法部门与学校一起，针对执法工作内容，为中小学生量身定做《遵守交规——认识交通标志》《我是人民检察官》《剧毒与拒毒——禁毒教育基地参观》《我是小交警之交通文明岗》《税收助力成长》《小芝麻与大城管》《博物馆里学法治》《学国家语言文字法　做小小志愿者》等具有特色主题的法治实践教育课程资源。

二、宪法教育资源区

（一）设置依据及原则

宪法是我国的根本法，是治国安邦的总章程。从制定宪法到落实宪法，从尊重宪法到遵从宪法，宪法在公众心中的分量，直接影响着全面依法治国的质量。习近平总书记在首个国家宪法日之际作出重要指示,强调“切实增强宪法意识,推动全面贯彻实施宪法”;在第五个国家宪法日之际习近平总书记又作出重要指示,强调“弘扬宪法精神,树立宪法权威,使全体人民都成为社会主义法治的忠实崇尚者自觉遵守者坚定捍卫者”。

为何宪法对每位公民如此重要?宪法之根本地位体现在什么地方?我国现行《宪法》由序言和 143 个条文构成,规定了国家历史、国家性质、根本制度、国家机构和国家象征等重要内容,涉及国家权力类型及构架,公民基本权利及义务,国家政治生活、社会公共生活的基本准则,公民行使权利、履行义务的内容、规则及程序等国家政治生活的最基本方面,并以国家最高效力层级的法律形式明确下来,使国家机构运转、民众生产生活有了最基本的遵循。

公民与国家的关系是宪法调整的基本关系,宪法关系的实质内容是公民权利与国家权力的关系。宪法通过授予并规范国家权力的运行,保障公民权利的实现。《青少年法治教育大纲》明确要求,青少年法治教育“要将宪法教育贯穿始终”。宪法也呵护着青少年的健康成长,她规定了青少年的各项基本权利和义务,让青少年明白宪法不是“高大上”的法律,而是与自己息息相关并且伴随着自己的日常生活。宪法教育让学生对自己的权利义务的认知更加明晰,对国家和社会责任的认知更加明晰,对国家价值观念的认同以及自身所肩负的责任更加明晰，对于学生从小树立国家的主人翁意识有着不可替代的重要意义。

《青少年法治教育大纲》中指出，法治教育要以宪法教育为核心。《中共中央宣传部等关于组织开展宪法学习宣传教育活动的通知》中明确，在青少年法治教育基地中专门开辟宪法主题教育区、宪法馆；要把宪法学习宣传教育同全面依法治国、建设社会主义法治国家的实践成果和宝贵经验紧密结合起来。中共中央印发的《法治社会建设实施纲要（2020—2025年）》中也指出，要“增强全民法治观念。深入学习宣传习近平法治思想，深入宣传以宪法为核心的中国特色社会主义法律体系”。因此，为突出宪法教育的核心地位，笔者建议将宪法教育资源区作为第一个资源内容建设重点区域，其面积宜不低于整个实践基地的1/3，使宪法教育资源在整个实践基地教育资源中占主导地位。

为突出宪法在国家法律体系中的根本大法地位和宪法教育在法治教育中的核心地位，宪法教育资源区应包含举行宪法教育相关仪式、宪法历史沿革及发展教育、国家意识教育、公民的基本权利和义务教育四大板块内容。

（二）分层次的教育目标

宪法教育的内容是宪法，行为实质是教育。宪法教育应尊重教育规律，循序渐进地安排相关实践教育资源。2018 年春季学期，全国八年级学生统一使用部编版八年级下册的《道德与法治》教材——法治专册。全册教材以宪法精神为主线，以我国现行《宪法》为基本学习文本，围绕公民权利与国家权力的关系，分以下几个部分："坚持宪法至上"，阐明宪法的地位及作用，维护宪法权威，保障宪法实施；"理解权利义务"，介绍宪法赋予公民的权利及公民必须履行的义务；"人民当家作主"，介绍宪法规定的国家机构组织规范和我国的基本制度；"崇尚法治精神"，介绍宪法规定的尊重自由平等，维护公平正义。宪法教育资源区将重点突出以上内容，展开公民意识和国家认同教育。

2018 年 3 月，栗战书委员长在深入学习宣传和贯彻实施宪法座谈会上的讲话强调，"对少年儿童，要着力培养宪法观念、树立宪法意识；对中学生和大学生，要进一步抓好学习宪法的整体性、系统性，确保一切社会组织和个人都自觉以宪法为根本活动准则"[1]。因此，宪法教育资源区开展的教育实践活动，应重在提升学生尊崇宪法、学习宪法、遵守宪法、维护宪法、运用宪法的意识和能力，增强学生的宪法意识、爱国意识和国家安全统一意识，使学生树立权利与义务相统一的观念，并深刻认识到宪法与国家前途、人民命运息息相关，培养学生爱党、爱国、爱人民、爱社会主义的情感。

鉴于不同学年阶段应明确不同的教育目标任务，本书针对

---

〔1〕《栗战书在深入学习宣传和贯彻实施宪法座谈会上的讲话》，载中国人大网，http://www.npc.gov.cn/zgrdw/npc/xinwen/2018-03/30/content_2052732.htm，2021 年 8 月 7 日访问。

处于不同学习阶段、不同学年的青少年制订了具体的宪法教育学习实践活动方案。

1. 小学低年级：了解国家、国籍、公民等基本概念；建立对宪法的法律地位和权威的初步认知。

2. 小学中高年级：了解人民代表大会制度，初步认知主要国家机构；认知国家主权与领土，认知国防的意义，增强民族团结意识；树立有权利就有义务的观念。

3. 初中：增强学习宪法的整体性、系统性；了解国家基本制度，了解重要国家机构的职权；加深对公民基本权利和义务的认识；了解法治使国家强大的典型事例。

4. 高中：加深对宪法的地位、功能和价值的认识，明晰宪法原则，深入理解宪法确立的国家基本制度，加深对重要法治原则的理解，提升以宪法为根本活动准则的自觉性；描述法治国家、法治社会的基本特征，剖析实例阐释权利与义务的关系，了解法治让生活更美好。

（三）宪法仪式教育的空间、资源及配备

《中小学德育工作指南》中指出："仪式教育活动要体现庄严神圣，发挥思想政治引领和道德价值引领作用。"2014 年 11 月，第十二届全国人民代表大会常务委员会第十一次会议决定，每年的 12 月 4 日为"国家宪法日"；2015 年 7 月，第十二届全国人民代表大会常务委员会第十五次会议表决通过《全国人民代表大会常务委员会关于实行宪法宣誓制度的决定》。

这些仪式化的活动,不仅进一步增强了宪法在人们心中的威严、权威性和感召力,也增强了宣传教育的效果。在全社会范围内,加大对青少年学生普及和深化宪法仪式教育的力度,有利于举国上下营造尊重宪法、全面贯彻实施宪法的社会氛围。

宪法仪式教育资源应包括升国旗、奏唱国歌、诵读宪法、模拟宪法宣誓、观看专题教育片等活动。通过了解国家宪法日、宪法宣誓制度,青少年可以认知宪法的制定、修改历程体现了党和人民事业的进步,认知在中国特色社会主义法治体系框架中宪法的“母法”地位。为支撑以上教育目标及功能,对相应的资源及配备提出具体方案。

一是设定相对独立的区域开展宪法仪式教育,空间相对高大宽敞,整体环境庄严、肃穆,色调和谐,具有仪式感。我国《国旗法》《国歌法》规定了升挂国旗的具体内容与要求,应当将国旗置于显著的位置,奏国歌或者唱国歌,因此宪法仪式厅宜具备较宽敞、高大的空间,以营造和提升仪式教育所需的庄严感和神圣感。

二是按照《国旗法》《国歌法》规定要求配置国旗、国歌、音响系统及装备。

三是借鉴全国青少年法治教育实践示范基地经验,设置以宪法书模型为主体的法律背景墙。

四是设置模拟宣誓台。宣誓台外观应沉稳、庄重,正面镶有中华人民共和国国徽。宣誓场所应悬挂中华人民共和国国旗或国徽。

五是配置国家主席宪法宣誓的视频资源及播放设备。

六是配置宪法宣誓制度教育资源。

七是设置诵读《宪法》区域，配置适宜数量的宪法文本、与青少年学习生活相关的条款节选或展示设备。

(四)宪法历史沿革和发展教育的资源及配备

宪法确立了国家的根本制度、根本任务和我国的国体、政体。中国共产党领导是中国特色社会主义最本质的特征。深入学习宣传贯彻习近平法治思想，大力弘扬宪法精神，加强宪法宣传教育，要毫不动摇地坚持宪法确定的中国共产党领导地位，毫不动摇地坚持宪法确定的人民民主专政的国体和人民代表大会制度的政体。[1] 通过宣传党领导人民制定宪法的光辉历程，可以使青少年学生深刻理解宪法与国家前途、人民命运息息相关。宪法教育资源区的建设中，宪法历史沿革及发展教育资源建设的重点应为认知我国宪法诞生与发展的历程、宪法的制定主体、国家的根本制度、国家的根本任务、国家机构与职权、现行宪法(即1982年宪法)、宪法的修改与国家发展、2018年宪法修正案等内容，主要资源及配备为：

(1)配置宪法历史沿革及发展的专题教育资源、系统及装备；

---

〔1〕《法治日报社论：深入学习宣传贯彻习近平法治思想　大力弘扬宪法精神》，载光明网2020年12月4日，https://m.gmw.cn/baijia/2020-12/04/34432392.html。

(2)在显著位置设置“中国共产党领导是中国特色社会主义最本质的特征”立体字标语;

(3)配置展示国家机构及其主要职权的标识;

(4)配置在线答题的宪法知识竞赛资源、系统及装备。

(五)国家意识教育的资源及配备

1. 国家意识教育

“宪法不仅记载一个国家争取民主自由的历史,同时承载着国家的核心价值观,成为凝聚社会共识的基础。”[1]《青少年法治教育大纲》中也明确,“初步认知主要国家机构”“了解重要国家机构的职权”。宪法是一个规范体系,同时也是一个价值体系。宪法教育是青少年形成国家观念、培育国家认同的重要途径。宪法教育对培养国家意识、形成国家认同有着不可替代的重要意义。国家认同主要表现为个体对国家政治制度、核心价值理念、民族文化传统等方面的理解、认同和遵从。

《中国学生发展核心素养》确立了六大学生核心素养,分为文化基础、自主发展、社会参与三个方面,包括人文底蕴、科学精神、学会学习、健康生活、责任担当、实践创新等。六大素养又具体细化为18个基本要点,从国家意识、文化自信、了解党史、民族共同理想等方面对国家认同的内涵和外延进行了具

[1] 韩大元、孟凡壮:《中国社会变迁六十年的公民宪法意识》,载《中国社会科学》2014年第12期。

体界定。[1] 其中,“国家认同”属于社会参与层面“责任担当”这一核心素养,包含四个重点:一是具有国家意识,了解国情历史,认同国民身份,能自觉捍卫国家主权、尊严和利益;二是具有文化自信,尊重中华民族的优秀文明成果,能传播弘扬中华优秀传统文化和社会主义先进文化;三是了解中国共产党的历史和光荣传统,具有热爱党、拥护党的意识和行动;四是理解、接受并自觉践行社会主义核心价值观,具有中国特色社会主义共同理想,有为实现中华民族伟大复兴中国梦而不懈奋斗的信念和行动。

随着我国经济的发展和民主进程的推进,国家观念和国家认同教育也在不断发展。在国家观念和价值观塑造的过程中,宪法的地位逐渐凸显。[2] 《中央宣传部、司法部、全国普法办关于认真贯彻落实习近平总书记重要指示精神　切实加强宪法学习宣传的通知》中指出,“进一步增强全体公民的宪法意识、公民意识、爱国意识、国家安全统一意识和民主法治意识。”《青少年法治教育大纲》中规定,“认知国家象征及标志”

---

〔1〕《中国学生发展核心素养》中规定:“具有国家意识,了解国情历史,认同国民身份,能自觉捍卫国家主权、尊严和利益;具有文化自信,尊重中华民族的优秀文明成果,能传播弘扬中华优秀传统文化和社会主义先进文化;了解中国共产党的历史和光荣传统,具有热爱党、拥护党的意识和行动;理解、接受并自觉践行社会主义核心价值观,具有中国特色社会主义共同理想,有为实现中华民族伟大复兴中国梦而不懈奋斗的信念和行动。”

〔2〕樊庆红:《青少年法治教育的核心内容》,载《思想政治课教学》2018 年第 4 期。

“认知主要国家机构,国家主权与领土,认知国防的意义,增强民族团结意识”。

依据上述政策法规要求,宪法教育资源区中国家意识教育资源建设的重点应为以下内容:认知公民身份,认知国旗、国徽、国歌等国家象征及标志,了解国家主权、国防与我国领陆、领水、领空,维护国家统一、国家安全和民族团结,保守国家秘密,树立总体国家安全观和中华民族共同体意识。

2. 国家安全法治教育

党的十八大以来,习近平总书记创造性地提出了“总体国家安全观”的系统思想,党的十八届三中全会决定成立中央国家安全委员会,建立集中统一、高效权威的国家安全体制,加强对国家安全工作的统筹协调和有力领导。此后,在中央国家安全委员会的领导和总体国家安全观的指引下,我国国家安全立法进入“快车道”,从 2014 年起陆续颁布了《反间谍法》《国家安全法》《网络安全法》《反恐怖主义法》《国家情报法》等法律法规。

新《国家安全法》对国家安全教育作了专门规范,提出了原则性要求。第 14 条规定:“每年 4 月 15 日为全民国家安全教育日。”第 76 条规定:“国家加强国家安全新闻宣传和舆论引导,通过多种形式开展国家安全宣传教育活动,将国家安全教育纳入国民教育体系和公务员教育培训体系,增强全民国家安全意识。”2018 年 4 月,教育部印发《关于加强大中小学国家安全教育的实施意见》,明确了国家安全教育的总体要求,进一步指出了在大中小学开展国家安全教育的必要性和重要性，明确了构建完善国家安全教育体系的八项国家安全教育重点工作。

加强青少年国家安全法治教育，传统领域与非传统领域必须“并驾齐驱”。进入新时代，非传统领域国家安全问题的重要性和紧迫性成为重点。在一定程度上，传统国家安全与青少年的日常生活相对较远，绝大多数青少年没有机会直接参与到政治制度和政权维护的具体行动中；而非传统的国家安全，更贴近青少年的日常生活，也更需关注和重视。[1] 通过国家安全法治教育，可以增强青少年的国家安全意识，有效提升防范和应对来自国际经济领域的各种经济安全的能力，进一步增强青少年应对和化解各种安全问题和抵御未来风险的能力。

3. 资源及配备

一是配置分阶段、分学段、分主题的宪法教育、国家意识教育、国家安全教育的资源、系统及装备。其中，地图是表示国家版图最常用、最主要的形式。在地图上可以形象、直观地表示出国家的疆域范围和边界、各级行政区域、行政中心、主要城市等。

二是配置符合《地图管理条例》规定的展示我国领陆、领水、领空及行政区划、民族分布的地图及装备，配置民族文化展示实物。

---

[1] 曲玉梁：《总体国家安全观视域下加强青少年国家安全法治教育的思考》，载《青少年犯罪问题》2019 年第 3 期。

三是配置以近现代中国历史上的党和国家领导人、国家勋章和国家荣誉称号获得者、“改革先锋”、“最美奋斗者”等重要人物及史实、事迹资料为主要内容的爱党、爱国主题教育资源。

四是配置记录、播放表达爱国主义情感的录音、录像系统及装备。

五是配置国家政治安全、国家军事安全、国土安全等传统的国家安全教育资源以及经济安全、文化安全、社会安全、科技安全、信息安全、生态安全、资源安全等非传统的国家安全教育资源。

(六)公民基本权利与义务教育资源及配备

2012 年 12 月 4 日,习近平总书记在现行宪法公布施行 30 周年纪念大会上指出:“公民的基本权利和义务是宪法的核心内容,宪法是每个公民享有权利、履行义务的根本保证。”法治教育不仅是对法律知识的教育和普及,还是一个权利意识的熏陶和权利文化的教育、感染过程。[1] 权利和义务是法律规范的核心内容,是从法律关系到法律责任的逻辑联系的构成要素。

《青少年法治教育大纲》第 2 条中要求:“以宪法教育为核心,以权利义务教育为本位……将权利义务教育贯穿始终,使青少年牢固树立有权利就有义务、有权利就有责任的观念。”

---

〔1〕 万志昂:《当代青少年法治教育中的权利认同》,载《人民论坛》2015 年第 14 期。

我国现行《宪法》第二章包含第33条至第56条，共24个条款，涵盖了我国公民的绝大部分基本权利和义务。宪法要维护自由、平等、民主、国家富强、社会进步等诸多价值，但对公民基本权利的确认和保障是整个宪法价值体系的核心之所在，这正是因为“法治国家出发点和目标是个人权利与自由的保障”[1]。

当然，在这种权利意识的熏陶和权利文化的教育感染过程中，必然强调权利义务二者矛盾统一的理念，让青少年学生明白享受了权利意味着必然承担相应的义务。我国早期的“法制教育”在一定意义上过于强调法的秩序价值，主要是以义务为导向的、偏重守法教育，倡导做遵纪守法的好公民，淡化了法的权利保障价值。法治秩序的建立和维护离不开公民对法律的服从，但如果仅仅停留于此，则会对公民的权利主体地位的确立造成不利影响。因此，对青少年学生应进行权利义务观的教育，强调权利义务的不可分割性，当前阶段更为关注对青少年学生的权利意识的培养。

综上，宪法教育资源区中公民的基本权利与义务教育内容资源建设及配备重点应为：认知公民的基本权利与义务，结合青少年学生的学习、生活实际需要，重点了解受教育权、生命健康权、平等权、选举权、财产权等权利，了解遵守宪法和法律、维护国家统一和民族团结、依法服兵役等义务。例如，体现权利义务平衡关系的莫过于“天平”，也可以基于天平原理设计实

---

〔1〕 韩大元：《中国宪法文本中“法治国家”规范分析》，载《吉林大学社会科学学报》2014年第3期。

践活动,如只有在代表权利的一方和代表义务的一方“对等”的情况下才能进行下一步游戏,能够使学生直观体会到权利和义务缺一不可,相辅相成培育“公民在享受权利的同时必须履行义务”的意识和观念。

三、民法典教育资源区

(一)设置依据及原则

民法典集中体现了中国特色社会主义法律的制度成果和制度自信,拓展了加强青少年法治教育及法治教育实践基地、法治教育资源教室及装备配备标准研制的内容,提出了新的要求,亟须在青少年法治实践教育中集中体现民法典的教育内容。通过在各地青少年法治教育实践基地建设中整体加入民法典教育资源区设置及配备,引导青少年在法治实践教育活动中了解民法典、学习民法典、热爱民法典,依托青少年法治教育实践基地这一平台,更好地将民法典教育融入国民教育体系。

加强青少年群体民法典教育对于完善青少年法治教育实践基地建设具有重要作用。法学分为理论法学和应用法学,民法作为一门应用法学学科,是社会之法、生活之法,其实践价值尤为突出。调研发现,学校是当前的民法典教育的主阵地,在学校法治教育中,民法典教育尚未作为专门的独立课程,形式多为知识宣讲型,课程缺乏持续性、衔接性、系统性和常态化机制保障。青少年法治教育实践基地在民法典教育方面具有得天独厚的优势,具备场地、资源、配备等条件,有利于增强教育的实践性、互动性,寓教于乐。加强青少年民法典教育可多采用体验式教学,通过更具实践性的民法典教育,在青少年喜闻乐见的形式中,潜移默化地提高青少年运用民法典维护自身权益、化解矛盾纠纷的意识和能力。

(二)分层次的教育目标

民法典教育的总体目标是了解、掌握民事活动平等、自愿、公平、诚信等基本原则的内涵及精神,了解、掌握、拓展与青少年成长相关的基本法律常识,了解涉及公民生命健康、财产安全、交易便利、生活幸福、人格尊严等各方面民事权利及民事义务的类型及主要内容,了解法人和其他组织主要民事权利及义务的类型,提高运用民法典维护自身权益、化解矛盾纠纷的意识和能力。

小学低年级:初步建立对家庭法律关系的认识,了解父母子女之间的法律义务,树立家庭亲缘观念;初步理解遵守规则、规则公平的意义与要求;了解《民法典》新增的学校等单位应采取措施防止和制止性骚扰的相关规定,建立遇到侵害寻求学校、家庭帮助的观念。

小学中高年级:认知重要民事权利的常见类型,增强自我保护意识;了解完全民事行为能力、限制民事行为能力、无民事行为能力的判断与界分,认知小学年龄段的相应民事行为应当承担的法律后果;建立自我保护与受侵害后维权的意识,了解未成年人遭性侵害的损害赔偿请求权,尤其应注意到《民法典》颁布后诉讼时效期间自受害人年满 18 周岁之日起计算。

初中：了解常见民事活动的基本原则和法律规范，理解依法行使权利和履行义务的必要性和重要性；了解监护制度，具有在不当监护下寻求法律帮助的意识与能力。

高中阶段：全面认知家庭、婚姻、教育、劳动、继承等与学生个人成长相关的法律关系；深化对诚信原则的认识。认知民事、行政、刑事法律责任及其主要区别。了解侵权责任的概念、原则。基本了解由人格权、个人信息受法律保护、基于婚姻家庭的人身权、财产权、物权、债权、知识产权、继承权、股权等投资性权利、虚拟财产权等民事权利组成的民事权利体系；能够结合社会上的真实案例和个人成长的切身体会，深入理解依法维护和行使权利、依法有序参与法治实践的益处。

（三）资源及配备

1. 配置分阶段、分学段、分主题的民事法律常识教育、资源、系统及装备。

2. 配置展示民事主体平等、保护财产权利、便利交易流转、维护人格尊严、促进家庭和谐、追究侵权责任等民事法律教育资源、系统及装备。

3. 配置认知人格权、个人信息受法律保护、基于婚姻家庭的人身权、财产权、物权、债权、知识产权、继承权、股权等投资性权利、虚拟财产权等民事权利的民事法律教育资源、系统及装备。

4. 配置了解《民法典》新增的学校等单位应采取措施防止和制止性骚扰的相关规定，建立起遇到侵害寻求学校、家庭帮助观念的民事法律教育资源、系统及装备。

5. 配置认知完全民事行为能力、限制民事行为能力、无民事行为能力人及其相应民事行为应当承担的法律后果的民事法律教育资源、系统及装备。

6. 配置在宣告失踪、宣告死亡、结婚离婚、收养继承关系下对未成年人这一弱势群体相关保护制度的民事法律教育资源、系统及装备。

7. 配置高空抛物侵权赔偿规则、见义勇为免责规则、居住权、姓名权等新兴社会热点问题的民事法律教育资源、系统及装备。

四、未成年人保护教育资源区

（一）设置依据及原则

未成年人保护教育资源区旨在为青少年学生的健康成长保驾护航，通过法律知识的普及促进学生自我保护法治意识的形成，培育身心健康、正直良善的社会主义建设者和接班人。我国 2020 年 10 月修订的《未成年人保护法》[1]和 2020 年 12

〔1〕 2020 年 10 月 17 日，第十三届全国人民代表大会常务委员会第二十二次会议第二次修订了《中华人民共和国未成年人保护法》。

月修订的《预防未成年人犯罪法》[1]这两部主要涉及未成年人的法律均自2021年6月1日起施行。因此，要全面学习、准确把握这两部法律修法的时代背景及重点亮点，这也是做好未成年人保护教育资源区资源与配备方案的基本依据。

青少年时期是人心理成长和生理发育的关键时期，处于这一时期的人由于缺乏人生阅历，辨别是非的能力较弱，更容易受到各种伤害。如今生活在信息时代，各种信息纷至沓来、真假难辨，往往令青少年感到无所适从。因此，未成年人保护资源区建设重点应聚焦在：教育、引导未成年人初步认知常见的违法和犯罪行为及其危害以及所要承担的法律责任；理解刑法的运行规则，了解犯罪构成以及罪刑法定等基本原则；帮助青少年学法、知法、守法，形成遵纪守法的人生理念，提高其辨别是非和依法维权的能力，保障其健康成长。[2]

具体而言，未成年人保护教育资源区要以增强青少年学生自我保护意识、违法犯罪防范意识及提高应对能力为宗旨，通过深化遵纪守法意识，树立法律责任意识，巩固守法观念，青少年学生可以初步具备依法维权的意识和能力；帮助青少年学生初步树立法治意识，养成规则意识和尊法守法的行为习惯。

一是了解、掌握、拓展青少年成长相关的基本法律常识。应以社会主义核心价值观为引领，普及法治知识，养成守法意

---

[1] 2020年12月26日，第十三届全国人民代表大会常务委员会第二十四次会议修订了《中华人民共和国预防未成年人犯罪法》。

[2] 左信、代洪宝：《青少年法治教育问题探析》，载《中学政治教学参考》2016年第3期。

识，使青少年了解、掌握个人成长和参与社会生活所必需的法律常识，比如初步了解消费者权益保护、道路交通、环境保护、消防安全、禁毒、食品安全等生活中常用法律的基本规则。

二是认知常见违法犯罪行为的主要表现、危害及应承担的法律责任。通过了解犯罪行为的特征、刑罚种类，加深对社会生活中常见违法行为的认知，增强自我保护意识、违法犯罪防范意识，提高应对能力。

（二）关于新修订的《未成年人保护法》[1]

国家保障未成年人的生存权、发展权、受保护权、参与权等权利，贯彻落实《未成年人保护法》有利于更好地维护未成年人的合法权益，促进未成年人德智体美劳全面发展。修订后的《未成年人保护法》条文从72条增至132条，新增并完善了多项规定，吸纳了近年来国家发布的一系列有关未成年人保护的先进理念与制度措施，有效回应了社会关切和未成年人保护工作的迫切需求。《未成年人保护法》提出了家庭保护、学校保护、社会保护、网络保护、政府保护、司法保护“六大保护”，对未成年人可能遇到的法律风险进行考量，引导未成年人增强自我保护的意识和能力。

将性教育写入法律，也是新修订《未成年人保护法》的亮

---

〔1〕 参见弓凯希：《新修订〈未成年人保护法〉有哪些新规定、新要求？法官划重点了！》，载京报网，https://news.bjd.com.cn/2021/05/26/94904.shtml。

点之一。据北京市海淀区人民法院统计,2015—2019 年审理的性侵未成年人犯罪案件占被害人是未成年人犯罪案件的 45%—70%,而熟人作案占比例高达 69%—91%。因熟人作案往往不易被发现,对未成年人身心造成的伤害更大。由于未成年人对性知识了解不足,很有可能在遭受到侵害后仍不自知或羞于启齿,《未成年人保护法》规定,学校、幼儿园应当对未成年人开展适合其年龄的性教育,提高未成年人防范性侵害、性骚扰的自我保护意识和能力,系统做好未成年人保护工作。而且,法律还要求学校制定完善的预防、处置性侵案件的相关机制,通过一系列工作制度的制定及落实,保障孩子享有安全健康的学习环境。

当今社会,沉迷网络已经成为未成年人保护领域中的焦点问题,引起了社会的高度关注。《未成年人保护法》将“网络保护”单设一章,明确了国家、社会、学校和家庭都应当注重未成年人网络素养的提升及其在网络空间合法权益的保障。规定了网信、新闻出版、教育等部门的责任和义务,包括及时确定可能影响未成年人身心健康网络信息的种类、范围和判断标准,定期开展预防未成年人沉迷网络的宣传教育,指导家庭、学校、社会组织互相配合,采取科学、合理的方式对未成年人沉迷网络进行预防和干预。同时,还对网络产品和服务提供者提出了限制性规范性要求[1]，对于预防未成年人沉迷网络及相关领域法律制度的建设和发展具有重要意义。

(三)关于新修订的《预防未成年人犯罪法》[2]

《民法典》第17条中规定，不满18周岁的自然人为未成年人。《青少年法治教育大纲》的适用对象包含学生，法治教育中青少年与未成年人的年龄阶段大部分是重叠的。预防未成年人违法犯罪，不仅是促进未成年人健康成长的底线要求，也是青少年法治教育重点学习实践的内容。新修订的《预防未成年人犯罪法》针对未成年人违法犯罪出现一些新情况、新特点以及预防未成年人犯罪工作中遇到的新问题、新挑战，完善了相关制度和工作机制，为预防未成年人犯罪工作提供了有力的法治保障。此外，注重预防未成年人犯罪法与未成年人保护法、义务教育法、民法典、治安管理处罚法、刑法、刑事诉讼法等相关法律的衔接处理，保障法律之间的协调一致，避免出现法律冲突，突出对未成年人法律保护的系统性。

新修订的《预防未成年人犯罪法》最大的亮点在于突出了

---

[1] 《未成年人保护法》第74条规定，以未成年人为服务对象的在线教育网络产品和服务，不得插入网络游戏链接，不得推送广告等与教学无关的信息。第75条第1款规定，网络游戏经依法审批后方可运营。

[2] 参见何毅亭：《关于〈中华人民共和国预防未成年人犯罪法(修订草案)〉的说明——2019年10月21日在第十三届全国人民代表大会常务委员会第十四次会议上》，载中国人大网2020年12月8日，http://www.npc.gov.cn/npc/c30834/202012/5e493320e2c44de4a10e84dc42589a45.shtml。

分级预防的理念，细化了教育矫治措施，将“对未成年人的不良行为及时进行预防和矫治”修改为“对未成年人的不良行为和严重不良行为及时进行分级预防、干预和矫治”。大量案件表明，未成年人实施犯罪行为之前，多有不良行为或违法行为，且其早期的这些行为多数没有得到及时有效的干预。《预防未成年人犯罪法》明确了需要干预的行为，根据行为性质和危险程度，分别规定了相应的干预或矫治措施，同时完善了对未成年犯的教育矫治和跟踪帮教措施，增加法律的科学性、精细度和可操作性。

《预防未成年人犯罪法》对不良行为[1]和严重不良行为[2]进行了明确界定。对于有不良行为的未成年人，有偷窃少量财物行为，或者有殴打、辱骂、恐吓、强行索要财物等学生欺凌行

---

〔1〕 不良行为是指未成年人实施的不利于其健康成长的下列行为：吸烟、饮酒；多次旷课、逃学；无故夜不归宿、离家出走；沉迷网络；与社会上具有不良习性的人交往，组织或者参加实施不良行为的团伙；进入法律法规规定未成年人不宜进入的场所；参与赌博、变相赌博，或者参加封建迷信、邪教等活动；阅览、观看或者收听宣扬淫秽、色情、暴力、恐怖、极端等内容的读物、音像制品或者网络信息；其他不利于未成年人身心健康成长的不良行为。

〔2〕 严重不良行为是指未成年人实施的符合刑法规定、因不满法定刑事责任年龄不予刑事处罚的行为，以及严重危害社会的下列行为：结伙斗殴，追逐、拦截他人，强拿硬要或者任意损毁、占用公私财物等寻衅滋事行为；非法携带枪支、弹药或者弩、匕首等国家规定的管制器具；殴打、辱骂、恐吓，或者故意伤害他人身体；盗窃、哄抢、抢夺或者故意损毁公私财物；传播淫秽的读物、音像制品或者信息等；卖淫、嫖娼，或者进行淫秽表演；吸食、注射毒品，或者向他人提供毒品；参与赌博赌资较大其他严重危害社会的行为。

为，情节轻微[1]的未成年人，立法规定了6种由学校实施的管教措施。[2] 对于有严重不良行为的未成年人，立法规定公安机关可采取9种矫治教育措施。[3]

2021年3月，《刑法修正案（十一）》正式施行，关于未成年人的刑事责任承担作出重大调整：一是下调刑事责任年龄[4]；二是规定因不满16周岁不予刑事处罚的，以专门矫治教育取代收容教养制度。[5]《预防未成年人犯罪法》对《刑法修正案（十一）》的规定予以确认并细化。

矫治措施是监督和促使未成年人通过遵守一系列针对性

---

〔1〕 这种情况符合严重不良行为中盗窃、强拿硬要公私财物的规定，根据《预防未成年人犯罪法》第33条的规定，在情节轻微的情况下，按照不良行为处理。

〔2〕 予以训导；要求遵守特定的行为规范；要求参加特定的专题教育；要求参加校内服务活动；要求接受社会工作者或者其他专业人员的心理辅导和行为干预；其他适当的管理教育措施。

〔3〕 予以训诫；责令赔礼道歉、赔偿损失；责令具结悔过；责令定期报告活动情况；责令遵守特定的行为规范，不得实施特定行为、接触特定人员或者进入特定场所；责令接受心理辅导、行为矫治；责令参加社会服务活动；责令接受社会观护，由社会组织、有关机构在适当场所对未成年人进行教育、监督和管束；其他适当的矫治教育措施。

〔4〕 已满12周岁不满14周岁的人，犯故意杀人、故意伤害罪，致人死亡或者以特别残忍手段致人重伤造成严重残疾，情节恶劣，经最高人民检察院核准追诉的，应当负刑事责任。

〔5〕 继收容审查、收容遣送、收容教育、劳动教养退出历史舞台后，收容教养制度正式退出历史舞台。一般情况下，收容教养的期限为1—3年，最长可以延长至4年。客观来看，彼时“收容教养”制度的确立有现实的需要，但随着社会的发展，收容教养过分强调惩罚威慑、限制人身自由的属性，违背了对触发未成年人教育矫治优先、给予特殊保护的司法规律，集中拘禁往往使罪错未成年人被贴上“犯罪标签”，造成交叉感染、脱离社会等弊端。

要求改正行为的社会化措施，域外法律也有类似措施。[1] 德国少年刑法规定的教育处分措施包括：责付、参与社会课程培训、教养院教育、集体生活教育、课以负担（如将损害恢复原状）、劳动服务、向公益设施捐款、少年拘禁。日本规定的保护处分措施有三类：交付保护观察所进行保护观察、移送儿童自立支援设施或者儿童养护设施、移送少年院。我国台湾地区规定的保护处分措施包括：训诫并得予以假日生活辅导、交付保护管束并得命为劳动服务、交付安置于适当之福利或教养机构辅导、令入感化教育处施以感化教育。我国澳门特别行政区对年满 12 岁尚未年满 16 岁的犯罪或违法青年适用的督促矫治措施有：训诫、命令做出某些行为或履行某些义务、教育上之跟进、半收容、收容。[2]

未成年人群体的特点和特殊性，决定了教育矫治和跟踪帮教措施的本质在于“教育与惩戒并重”且“教育大于惩戒”。通过教育引导有“问题”的未成年人及时“改邪归正”，防止小错演变为大错甚至毁其一生，抓早抓小未成年人的问题，既是预防未成年人犯罪的有效措施，也体现了对未成年人的特殊保护和关爱。

---

〔1〕 宋英辉、苑宁宁：《〈预防未成年人犯罪法〉修订草案专家建议稿与论证》，中国检察出版社 2020 年版，第 286 页。

〔2〕 《澳门违法青少年教育监管制度》对这一措施进行了细化，包括警察训诫、司法训诫、遵守行为守则、社会服务令、感化令、入住短期宿舍、收容。

（四）家风入法，注重家庭教育

家庭是人生的第一所学校，家长是孩子的第一任老师。习近平总书记曾指出家庭教育在青少年思想道德教育中的重要作用："作为父母和家长，应该把美好的道德观念从小就传递给孩子，引导他们有做人的气节和骨气，帮助他们形成美好心灵，促使他们健康成长，长大后成为对国家和人民有用的人。"[1]"家长要时时处处给孩子做榜样，用正确行动、正确思想、正确方法教育引导孩子，要善于从点滴小事中教会孩子欣赏真善美、远离假恶丑。"[2]

《预防未成年人犯罪法》第 1 条开宗明义，将培养未成年人良好品行写入立法目的，放在预防犯罪的目的之前。该法第 15 条规定"国家、社会、学校和家庭应当对未成年人加强社会主义核心价值观教育，开展预防犯罪教育"，将社会主义核心价值观教育提升至预防犯罪教育之前，表明立法目的不仅是防止未成年人违法犯罪，更重要的是通过教育未成年人诚信、友善，崇尚法治、平等、公正等，引导未成年人立志做品德高尚的人。"六大保护"中，家庭保护仍然处于首位，明确规定了父母或者其他监护人应当履行的 10 项监护职责。父母应充分保障孩子的真实意愿得到尊重，法律将"听取未成年人的意见"确定为处理涉及未成年人事项的基本原则，这是未成年人权益保

---

〔1〕《习近平谈治国理政》（第 2 卷），外文出版社 2017 年版，第 355 页。

〔2〕《习近平谈治国理政》，外文出版社 2014 年版，第 184 页。

护进程中的重要进步，在多项具体法律条中都有具体体现和贯彻。

《预防未成年人犯罪法》也明确了未成年人的父母或者其他监护人对未成年人预防犯罪教育的直接责任，提出要通过树立优良家风，培养未成年人良好品行，不得拒绝或者怠于履行监护职责；强调未成年人的父母及其他监护人要树立优良家风，做好榜样，培养未成年人良好品行，帮助未成年人“扣好人生第一粒扣子”。

（五）校园欺凌入法，防控“身边的”危险

学生欺凌行为是指在幼儿园、中小学及其合理辐射区域内发生的，学生针对学生的持续性的心理性或者物理性攻击行为，这些行为会使受害者感受到精神上的痛苦。[1] 近年来，校园欺凌现象时有发生并引起社会广泛关注。为了全面贯彻党的教育方针，落实立德树人根本任务，有效遏制中小学生欺凌和暴力事件的发生，预防青少年违法犯罪，2016 年 11 月，教育部等九部门联合发布《关于防治中小学生欺凌和暴力的指导意见》，对积极预防处置学生欺凌和暴力事件提出了宏观性、原则性的指导意见。

《未成年人保护法》规定，学校应当建立学生欺凌防控工作制度。《预防未成年人犯罪法》规定，教育行政部门应当会

---

〔1〕 任海涛：《“校园欺凌”的概念界定及其法律责任》，载《华东师范大学学报（教育科学版）》2017 年第 2 期。

同有关部门建立学生欺凌防控制度。2021 年 9 月 1 日起施行的《未成年人学校保护规定》进一步对学生欺凌、防控制度进行了细化,明确了学校对学生欺凌防控的责任,即学校应当建立学生欺凌防控和预防性侵害、性骚扰等专项制度。

(六)分层次的教育目标

未成年人保护的总体教育目标是了解和掌握《教育法》《义务教育法》《未成年人保护法》《预防未成年人犯罪法》《道路交通安全法》《刑法》等法律的基本内容及对未成年人权益的特定保护,了解生活常用法律的基本规则,提高对校园欺凌、暴力侵害等违规违法行为的防范意识和应对能力。

1. 小学低年级:认知监护人制度及相关权益;树立自我保护意识,保护自己的身体不受侵害;初步认知预防性侵害、性骚扰未成年人工作制度,提高未成年人防范性侵害、性骚扰的自我保护意识和能力;了解强制报告制度这一保护未成年人的重要制度,意识到当自己或同学遇到不法侵害时应及时报告;了解基本的交通行为规则。

2. 小学中高年级:初步了解遇到侵权违法行为、受到校园欺凌等侵害时的应对措施、应对方法和应对途径,增强自我保护意识;了解暴力犯罪的危害。认知学校统一管理学生手机使用、监护人限制未成年人使用智能终端防止网络沉迷的法律依据。认知个人信息保护以及隐私权保护的重要性,谨防网络沉迷。

3. 初中：了解犯罪行为的特征和刑罚种类，初步认知常见违法犯罪行为的危害及所需承担的法律责任，增强相应的防范应对能力；了解黄、赌、毒的危害及避免危害的方法。能够通过生活中的事例了解法律是不可逾越的红线；对全国统一的未成年人保护热线以及所在地的未成年人保护服务平台、服务站点有一定了解，具备受到不法侵害时向未成年人保护组织求救的能力。

4. 高中阶段：了解反腐倡廉的意义以及廉洁自律的作用；对网络直播等新型信息传播媒介的风险有一定认识；了解针对网络欺凌、泄露隐私等违法行为的救济方式，对要求网络服务提供者采取删除、屏蔽、断开链接等措施以防止损害扩大的应急对策有一定了解。

（七）资源及配备

在资源及配备方面，未成年人保护教育要将生命教育、安全教育、廉政教育、民族团结教育、国防教育、交通安全教育、禁毒教育等专题教育与法治教育相整合，一体化设计实践教育方案，配置分阶段、分学段、分主题的法律常识教育、预防违法犯罪、廉洁教育的资源、系统及装备。

1. 采用主题化、分类化的教育形式。主题化、分类化的教育形式可以更系统、更有条理地展示法律常识、预防违法犯罪知识和廉洁知识，也能够将抽象的法律知识具象化、生动化，便于学生理解和记忆，可以分为如下主题：

一是配置展示消费者权益保护、消防安全、道路交通安全、环境保护、禁毒、危险化学品、药品、食品安全等法律常识教育的资源、系统及装备。

二是配置认知故意伤害、盗窃、抢劫、敲诈勒索、寻衅滋事等常见违法犯罪行为所造成危害的案例及相关教育资源。

三是配置认知网络违法犯罪、散布谣言、偷窥、校园欺凌、体罚、家庭暴力等学生难以分辨的违法犯罪行为的案例及相关教育资源。

四是配置提醒游泳风险、拥挤风险、用电风险、燃气泄漏、被困电梯等青少年日常生活中易发危险的教育资源,宜配置电子展示设备进行展示。

五是配备能提升有关地震、火灾等灾害的防范意识和应对能力的情景式系统及装备。

六是设置黄、赌、毒、网络沉溺的危害及远离危害的方法专题教育区域、资源及设施;对应分层次的教育目标任务,结合青少年身心发育和成长规律,这部分适合作相对密闭设置,只针对初中及以上层次和学段的青少年学生开放,纳入其相应的教育实践方案。这个区域应当以警示教育的形式开展,主要用真实案例剖析涉黄、赌、毒的危害及相关的罪名,通过警示增强青少年学生对该类危害行为的警惕性和辨别力,从而发自内心地主动学习和掌握远离危害的方法。

七是配置通过游戏方式了解垃圾分类的意义、作用及知识的教育资源、系统及装备。

2. 可以在墙面等显著位置设置 110(报警)、119(消防报警)、120(急救)、122(交通事故报警)等紧急救助服务以及12309(未成年人司法保护检察服务热线)、12348(法律咨询、援助热线)、12355(青少年维权与心理咨询热线)等电话号码及其功能介绍,强化环境营造,增强教育效果。

3. 配置青少年心理评估及违法犯罪防御能力测评的系统及装备。按照《中共中央办公厅、国务院办公厅印发〈关于进一步深化预防青少年违法犯罪工作的意见〉的通知》中“关注心理、行为异常的学生,及时开展心理疏导”的要求,应配置能够评估青少年学生心理状态的测评系统及装备。设置评估青少年防御违法犯罪能力的测评系统及装备是为了及时了解青少年的防范意识和应对能力,便于有针对性地开展预防违法犯罪的法治教育。

4. 配置法律常识、预防违法犯罪知识、自我保护知识、廉洁知识竞赛题库、系统及装备。通过竞赛形式激发学生的活跃度,在比赛中学习和巩固知识,有利于激发青少年自主学习的欲望,培养其发现问题、探索未知的能力。此外,建议有条件可设置家校社互动的区域。

5. 设置反腐倡廉的专题教育区域、资源及设施,培养青少年学生的廉洁意识。

6. 配备模拟体验各种不同现实场景的 VR 人机交互教育系统、资源及装备。

采用情景式装备(VR),模拟现实能够给青少年学生真实的感觉，让青少年学生明白自己在真实的情境中该如何抉择，怎么更好地进行自我保护，避免预防违法犯罪的教育沦为“纸上谈兵”。笔者在对实践基地相关情景式装备（VR）的调研过程中发现了一种体验吸毒感受的装置，这种装置的消极颓废体验存在诱发青少年学生的好奇心甚至作出错误行为的可能性。因此，对危害性行为的教育方式应以警示教育为宜，而以非体验式教育方式为主；体验式教育则适合对抽象法律知识、概念具体化认知，或通过角色扮演身临其境地加强青少年学生对国家机构、职能的真实了解和理解等情形。教育装备、设施的教育适宜性的研究是目前的薄弱环节，也是未来研究的重点。

五、中外法治文化教育资源区

（一）设置依据及原则

2017 年 1 月，中共中央办公厅、国务院办公厅发布《关于实施中华优秀传统文化传承发展工程的意见》，对如何实施中华优秀传统文化传承发展工程作出了具体规定，明确提出要将中华优秀传统文化贯穿国民教育始终。设置中外法治文化教育资源区可以帮助学生了解和体会中国特色社会主义制度的优越性，从历史长河中领略中华法系博大精深的文化与精神要义，从小树立“四个自信”，坚定中国特色社会主义法治文化自信。

中华优秀传统法律文化是中华优秀传统文化的有机组成部分。《国家“八五”普法规划》中提出推动中华优秀传统法律文化创造性转化、创新性发展，传承中华法系的优秀思想和理念，挖掘民为邦本、礼法并用、以和为贵、明德慎罚、执法如山等中华传统法律文化精华，增加新的时代精神内涵，使中华优秀传统法律文化焕发出新的生命力；同时，加强对我国法律文化历史遗迹和文物的保护，宣传代表性人物的事迹和精神；弘扬善良风俗、家规家训等优秀传统文化中的法治内涵，把不违反法律、不违背公序良俗作为家风家教的重要内容，让社会主义法治精神在家庭中生根。

通过设置中外法治文化教育资源区，展示世界优秀法治文明建设成果，有利于培养青少年学生的国际视野，从中外对比的视角更为全面地了解法治演进进程及法治文化的精神要义，展示世界优秀法治文明建设成果。例如，结合全国青少年法治教育实践示范基地建设经验，通过“一带一路”国别、语言文字、经济、法律、文化等教育资源展示，在该教育功能配置“一带一路”沿线国家法治文化主题设施，帮助学生认知“一带一路”与人类命运共同体的内涵。

中外法治文化教育资源区注重围绕立德树人的根本任务，坚持以社会主义核心价值观为引领，将中华优秀传统文化融入社会实践教育，通过科学规划设计该资源区的资源及配备方案，帮助参与实践教育的学生更好地理解和掌握法治的道德底蕴、法治与德治的关系，尊崇公序良俗，树立诚信意识、规则意识；了解世界法治文化，弘扬中华民族优秀法治文化和社会主义法治文化，激发其对社会主义法治道路的认同感，进一步坚

定对中国特色社会主义法治道路的信心。因此,该区资源建设的重点为:

1. 理解法治的道德底蕴

中外法治文化教育资源区内容资源建设应帮助学生正确、深刻、充分理解法治的道德底蕴。其主要包含两个方面的内容:

一方面,立足历史面向未来,深入挖掘和阐发中华优秀传统文化的时代价值。中华优秀传统文化所蕴含的丰富思想道德资源应成为青少年法治教育的重要源泉,通过中华优秀传统文化的熏陶,法治精神更易植根于青少年内心,潜移默化地影响青少年的思想和规范青少年的行为。[1] 对于风华正茂、朝气蓬勃的青少年来说,面对枯燥乏味的法律条文,他们更愿意倾听内涵丰富、活泼有趣的优秀传统文化的法治故事,更容易理解优秀传统文化所蕴含的法治文化,通过通俗易懂的呈现形式,潜移默化地理解、接受、践行优秀传统文化所弘扬的“讲仁爱”“重民本”“守诚信”“崇正义”“尚和合”“求大同”等核心理念。

习近平总书记在中国政法大学考察时强调,我们有我们的历史文化,有我们的体制机制,有我们的国情,我们的国家治理有其他国家不可比拟的特殊性和复杂性,也有我们自己长期积累的经验和优势。在中外法治文化教育资源区建设中,应坚持

〔1〕 王柳娜:《青少年法治教育融入中华优秀传统文化的研究》,载《广西青年干部学院学报》2018 年第 6 期。

创造性转化、创新性发展中华优秀传统文化，使其成为涵养青少年法治教育的重要源泉，成为构筑社会主义法治文化的重要基础，使青少年形成对社会主义法治道路的价值认同和制度认同。

另一方面，理解和把握法治与德治的互相补充的关系。习近平总书记强调，中国特色社会主义法治道路的一个鲜明特点，就是坚持依法治国和以德治国相结合，强调法治和德治两手抓、两手都要硬。党的十八大提出，倡导富强、民主、文明、和谐，倡导自由、平等、公正、法治，倡导爱国、敬业、诚信、友善，积极培育和践行社会主义核心价值观。[1] 在该功能区建设中，要充分利用法治与德治相得益彰的特点，增强青少年学生对法治蕴含道德价值的认同，强化道德对法治文化的支撑，使法治成为青少年的道德追求，培养尚德守法的价值取向，充分发挥法治在培育和践行核心价值观中的保障作用，用法治精神来支撑和引领社会主义核心价值观的践行。[2]

总之，以法治精神和法律规范弘扬社会主义核心价值观，就是以良法善治传导正确的价值导向，把法律的约束力量、底线意识与道德教育的感化力量、提升精神紧密结合，使青少年

---

〔1〕 其中，富强、民主、文明、和谐是国家层面的价值目标，自由、平等、公正、法治是社会层面的价值取向，爱国、敬业、诚信、友善是公民个人层面的价值准则，这 24 个字是社会主义核心价值观的基本内容，体现了法治价值与道德价值的深度交融。

〔2〕 张华：《青少年法制教育：困境与转型》，载《中国青年社会科学》2015 年第 3 期。

理解法治的道德底蕴，牢固树立规则意识、诚信观念、契约精神，尊崇公序良俗，以此更好地实现法治的育人功能。

2. 了解世界法治文化

习近平总书记在考察中国政法大学时强调，应努力以中国智慧、中国实践为世界法治文明建设作出贡献。对世界上的优秀法治文明成果，要积极吸收借鉴，也要加以甄别，有选择地吸收和转化，不能囫囵吞枣、照搬照抄；要加强国际法人才培养，努力造就一大批世界一流的国际法人才，提高我国参与国际立法和国际司法活动的质量。我国作为最大的发展中国家和肩负重要国际责任的大国，通过掌握法治国家的基本原理，青少年学生可以知晓法治的中西源流，了解掌握国际法基本原则以及我国签署加入的《儿童权利公约》《残疾人权利公约》等主要国际公约的基本内容，拓宽学生的国际视野，提升其文明素养。

当前，在全球化、国际化时代背景和构建人类命运共同体的目标背景下，国家对国际法理论和实务人才的需求越来越紧迫。在一代代青少年学生中，必将涌现一批批各行各业的社会主义建设者和接班人，其中，必然有未来的法律专家、法律专业执业者。在青少年法治教育中明确“了解世界法治文化”这一目标，将为培养高素质的既懂国内法又懂国际法的国际法人才奠定坚实基础，为在制定国际规则时占有更大的话语权和在国际争端中更好地维护国家利益提供有利的人才条件。

（二）分层次的教育目标

中外法治文化教育资源建设的总体目标是以法律常识、法治理念、法治原则、法律制度为核心，结合青少年与家庭、学校、社会、国家的关系，分阶段安排公民基本权利义务、家庭关系、社会活动、公共生活、行政管理、司法制度、国家机构等领域的法律法规基本原则以及我国签署加入的重要国际公约的核心内容；将自由、平等、公正、民主、法治等理念，宪法法律至上、权利保障、权力制约、程序正义等法治原则，立法、执法、司法以及权利救济等法律制度，与法律常识教育相结合，按照不同的学历层次和认知理解能力，将法治教育的内容在不同学段的教学内容中统筹安排、分层递进。

小学低年级：初步了解自然，爱护动植物，树立为节约资源、保护环境做力所能及之事的意识。

小学中高年级：初步了解合同以及履行，理解诚实、守信和友善的价值意义。

初中：了解合同和违约责任，建立依法处理纠纷、理性维护权利的意识；了解我国加入的一些重要国际组织和国际公约。

高中阶段：理解法的特征与作用，法治的内涵与精神，理解私权利与公权力的区别和基本原则，建立权力受法律制约、有权力就有责任的观念；了解我国在国际社会中发挥的重要作用。着眼人类文明演进，比较各国法治历史发展路径，认识法治是现代国家治理方式，针对社会生活现象阐释法律规范与自由的关系。

（三）资源及配备

1. 配置展示包含社会主义核心价值观或法治文化内涵的

历史故事、名人事迹、传统节日、民歌民谣、传统美德、民族精神等的图像文字组合标识、浮雕、主题雕塑等;配置法治故事、成语、典故教育资源展示、讲解系统及装备;配置传统节日、民歌民谣、传统美德、民族精神等内容的教育资源及展示装备。

2. 配置展现“法之源”“法之意”“法之典”“中华法”“世界法” 近现代中国法等法治文化精髓的教育资源,可采用浮雕、触摸电子屏、短片、地面互动投影、全息投影等形式展示。

3. 配置展示各国法治图腾、法谚等中外法治文明的标识、模型或电子展示装备。

4. 认知联合国和《联合国宪章》等国际常识标识、模型或电子展示装备。

5. 宜配置体验“一带一路”沿线国家优秀法治文化建设成果的资源及主题设施。标识或模型可将抽象的、历史较为久远的图片或物品按一定比例真实再现,给学生更为直观的学习感受。讲解系统和装备可助力于学生自主学习,主动获取更多知识。了解“一带一路”沿线国家及其文化建设成果,有助于更多学生了解“一带一路”的古今发展,了解世界法治文化的发展,扩展国际视野。

第五章　教育功能区域建设重点

除资源内容建设为重点的区域外，功能建设重点区域应包括法治实践模拟区、法治资源教室（实践基地内）与展演区。功能建设重点区不以法治实践教育展现的内容资源为分区标准，而是以其实现的功能为标准分区的。因此，法治资源教室（实践基地内）、展演区没有设置直接和具体的教育目标任务，法治实践模拟区的教育目标任务是综合性的、功能性的、专项性的。通过教育资源区及教育功能区的建设，实现法治实践教育资源重点及功能重点的全覆盖，系统提升法治教育的实效性。

一、法治实践模拟区

（一）基本功能

《中共中央办公厅、国务院办公厅印发〈关于进一步深化预防青少年违法犯罪工作的意见〉的通知》中提出："创新法治教育方式，广泛开展模拟法庭。"《青少年法治教育大纲》指出："帮助青少年学生了解我国的司法制度和法治原则，培养法治思维和实践能力。"

模拟法庭不仅应包括法院实践，而且应包括检察院、监委、人大、政府等整体国家机器设置及流程的实践。因此，法治实践模拟区应在模拟法庭的基础上进行功能拓展。从环节上，除了解司法制度基本原则及内容，认知法院、检察院、律师的功能与作用之外，还可以将立法、执法环节纳入进来，帮助青少年学生了解政府依法行政的基本原则，了解公共事务治理的法治原则。此外，除诉讼外，将调解、仲裁、行政复议等多元纠纷解决机制引入教育内容，能够帮助学生更为系统、全面、立体地理解中国特色社会主义法治体系的构成。

学生切身的真实体验将积极促进学生法治意识和相关技能的形成。情景教育模式为学生提供了真实的场景，让学生有身临其境之感，并且感受到法律不是那么的神秘和高不可攀。法治实践中的互动应充分尊重学生的需要，为学生提供真实的情境，给予学生参与和表达的机会。该功能区强调真实、典型、贴切案例，引导青少年学生从道德、人伦、规则等角度思考和探究现实的法律问题，培养在真实情景下的辩证思维能力和解决问题的法治思维。具体而言，法治实践模拟区可以采用一系列的互动策略：模拟立法机关立法活动，模拟庭前调解与庭审过程，了解民事案件的处理流程，了解刑事案件中公民应享有的权利。通过让青少年学生充当裁判和案件当事人综合运用价值阐释、角色扮演、合作学习等方法，帮助学生切实体会法律在定分止争及维护公民权益中的意义和价值，了解国家立法及司法机关的职责和运行规则。

（二）分层次的教育目标

小学低年级：初步建立法律面前人人平等的观念。

小学中高年级：初步了解政府、法院、检察院、律师的功能与作用。

初中：初步了解政府运行的法治原则，初步形成依法参与社会公共事务的意识；初步了解我国司法制度的基本原则，初步认知罪刑法定、无罪推定等原则以及正当防卫、紧急避险等概念。

高中阶段：提高依法参与公共事务的意识和能力；了解人民代表大会、监察委员会、政府、人民法院、人民检察院的机构设置与基本职能。了解犯罪构成以及罪刑法定等基本原则，建立对正当程序原则的认识。

（三）资源及配备

1. 配置能至少容纳一个教学班进行法治实践活动的区域；

可以班级为单位进行活动,便于进行集中课程实施和管理。

2. 配置符合青少年认知特点、贴近生活,包含和解、调解、诉讼三种纠纷解决机制的案例剧本。剧本是进行法治实践模拟不可或缺的工具,选择包含多种纠纷解决机制的剧本,可以让青少年学生体验多种纠纷解决方式,对各种机制的利弊有更切身的体会。

3. 配置和解、调解过程的体验区。该体验区的布置应符合方便开展和解、调解活动的要求。和解、调解区的布置无硬性要求,可根据各地场馆的实际情况进行布置。

4. 配置模拟法庭审理过程的审判活动区。为增强参与感、体验感,审判活动区的布置和法槌、法袍等的配置以尽量还原真实庭审现场为原则。一是配置模拟法庭审理过程的审判活动区,布置应符合《最高人民法院关于法庭的名称、审判活动区布置和国徽悬挂问题的通知》的要求,保证庭审现场的庄严感和司法制度的严肃性、权威性,避免学生审判活动区的布置认识错误。二是配置审判长和审判员的办公桌椅、书记员桌椅、公诉人或原告及其代理人的办公桌椅、辩护人或被告及其代理人的办公桌椅、被告席桌椅和旁听席座椅。

5. 配置庭审流程提示系统及电子屏、计算机等装备。考虑到有的学生的年龄尚小,短时间内无法完全记住流程和台词,需要提示设备,同时通过电子屏进行证据展示。配置适量的麦克风、音响等设备,保证参与法治实践模拟的同学和旁听人员能听清，便于活动的顺利进行。

6.配置男女更衣室，配置符合青少年性别、年龄及身材的模拟角色制服及法槌、角色名牌等道具。出于对学生尤其是高中生的性别教育的考虑，设置男女更衣室，服装、道具等要尽可能地接近实物，可带给学生更真实的体验，让学生对司法制度、司法工作人员有更深刻、直观的认识。活动体验并辅以知识讲解的方式能让学生更好、更全面地了解司法制度和纠纷解决方式。

7.配置知识讲解区及拓展了解司法制度、仲裁、行政裁决等纠纷解决机制的资源、系统及装备。

8.配置涉及社会治安、公共卫生、环境保护、食品药品安全、消防安全、消费权益等方面的社会事件及相关立法的专题课程资源，涉及治安管理、道路交通、消防、环境保护、国家安全、公共卫生、教育、税收、网络安全管理等法律运行环节中相关问题的探究式教育资源、系统及装备。

二、法治资源教室（实践基地内）

（一）教育功能建设目标

法治资源教室采用了政策文件中的固定表述，本书认为其总体上倾向以功能为标准，因此虽采用"资源"一词，但仍将其纳入功能区中。法治教育实践基地内的法治资源教室区别于学校法治教室，具备以互动式、体验式、智能化、游戏化手段开展法治课堂教学活动的功能，作为法治教育课堂教学资源拓展的有益补充和重要渠道。这就涉及“校内课堂”与“校外课堂”的关系问题，笔者认为学校法治教育课堂是“校内课堂”，实践基地实践教育是“校外课堂”，“校外课堂”是“校内课堂”的有益补充。因此，“两个课堂”只有错位发展并功能互补才能相得益彰。

（二）资源及配备

1. 配置能至少容纳一个教学班进行法治实践活动的教室，配备适当、适量的教具。在实践基地内的法治教育课程通常以班级为单位开展，法治教室应至少容纳一个教学班。

按照《关于统筹推进城乡义务教育一体化改革发展的若干意见》的规定，中小学标准班额为小学 45 人，初中 50 人。建设实践中，法治资源教室装备配备数量可以按每班 45 +1 人的标准（即最大量）进行计算（含 1 名教师）。为支撑互动性、智慧化的课堂，法治资源教室应配置进行动漫制作、3D 设计、微电影制作的电脑或平板，一人一机配备。其他活动提倡小组合作学习，每组人数不超过 6 人，建议有条件的学校将小组人数控制在 2—4 人以内。易损坏、易碎器件适当提高配备数量。法治资源教室人均使用面积不少于 2 平方米，有条件的学校还应考虑教师（讲解员）操作室及储物间，教师（讲解员）操作室及储物间不宜少于 12 平方米。教师（讲解员）操作室及储物间应与资源教室相连并独立管理。

2. 配置分阶段、分学段、分主题的法治课程资源、系统及多媒体资源展示设备。教育内容上，教材课程的内容是既定的，关键在于充当教师角色的讲解员要将社会生活法治事例等丰富的教育资源纳入课程设计，充分开发法治教育课程资源；也可利用辅助教材或资源平台进行教学，如可登录“教育部全国青少年普法网”查找相关资源；还可以选用电视节目（如中央电视台《今日说法》）中的视频来丰富课程资源。教育方式形式上，宜通过“声光电”全媒体、全要素、全方位的教育方式，全面调动和激发青少年学生的学习兴趣，增强教育效果。

一是配置适宜青少年群体阅读的法治教育类期刊、图书、影音等学习资源。

二是配置展示中国特色社会主义法律体系的树形标识及智能互动讲解装置，更为直观地展现复杂的法律体系机构。

三是墙面配置体现公平、正义等法治理念的成语故事的文字、图形及展示装备。配置爱党、爱国、爱人民、爱社会主义，法治教育主题歌曲及相关播放设备。

四是配置体验参与投票选举的投票箱或互动体验装置。

3. 配置具备奖励机制的了解法律常识、规范行为习惯的游戏系统及装备。增强法治教育游戏化、互动式，通过奖励机制的游戏，增强青少年学生的学习兴趣。

4. 配置可即时为学生进行法治知识答疑的人工智能系统、资源及装备。

《青少年法治教育大纲》提出，“要充分利用信息技术手段……引导学生自主学习，培养学生学习法律的兴趣”。通过信息技术手段能将多种法治教育资源、形式予以整合并提升，打造以学习者为中心的教育环境。配置法治知识答疑的人工智能系统，既可以激发学生自主探索、自主学习的兴趣，及时为学生答题解惑，又可以通过大数据分析，了解、掌握学生学习法治知识的难点和盲区，以便有针对性地加强相关法治教育。推荐配备的人工智能系统——“法治机器人”其本身之形状，也要满足学生喜闻乐见的形式要求，如外形设置为机器人、机器狗、机器猫等。

三、展演区

（一）基本功能

实践基地应设置专门的展演区，全面营造和充分利用展演区的场地优势，组织开展丰富多彩的活动。

1. 具备开展全国学生“学宪法　讲宪法”活动、“国家宪法日”活动互联直播等活动的功能。《关于组织开展宪法学习宣传教育活动的通知》中明确，继续举办全国学生“学宪法　讲宪法”比赛活动，在 12 月 4 日国家宪法日当天举行全国青少年“宪法晨读”活动。自 2014 年首个国家宪法日以来，教育部持续组织开展的国家宪法日“宪法晨读”和全国学生“学宪法　讲宪法”活动已成为传统，形成了全国学生法治教育活动“名片”，实现了各省（区、市）包括香港特别行政区、澳门特别行政区全覆盖，大中小学各学段全参与。

2. 可开展辩论赛、理论研讨、主题朗诵演讲、展演法律情景剧等活动。开展法律情景剧展演、辩论会、理论和案例研讨、动漫、戏剧、微电影等活动；充分利用主题教育开展法治教育；可根据学生实际，引导、支持学生自主制定规则、公约等，逐步培养学生参与群体生活、自主管理、民主协商的能力。

3. 展示中国特色社会主义法治建设成果。展现当代优秀法治教育资源和教育成果以及青少年尊法学法、知法、守法、用法模范的风采。

4. 体验民主参与国家事务和社会事务。

（二）资源及配备

展演区的标准化建设总体上参照《剧场建筑设计规范》（JGJ 57 －2016）和《剧场、电影院和多用途厅堂建筑声学设计规范》（GB/T 50356 －2006），满足展演功能基本要求。

展演区与观众区分区设置。观众区建议至少能容纳 3 个教学班同时开展活动。结合实践示范基地的运营流程，体现活动的参与性、趣味性、竞争性、公平性等要求，展演区建议至少能容纳 3 个教学班，根据实际情况尽可能多地容纳“国家宪法日”活动直播参与学生，可供开展主题情景剧、互动游戏、辩论发言和投票评比活动。

一是配置适宜朗诵、表演等形式的主题教育资源、多媒体显示设备及相关服饰、道具。

二是配置分阶段、分学段的演讲赛、辩论赛、知识竞赛等法治主题活动资源、相关场景布置及道具。

三是配置基于我国优秀传统文化资源中提取的法治故事、成语、典故及真实案例改编的剧本及相关服装和道具。

四是配备可供多人同时参与、具有统计功能的体验式、互动式投票选举、投票表决系统及装备。模拟选举的方式能够使学生直观体验公民的政治权利以及通晓如何运用自己的权利，同时针对相关主题进行辩论。

五是进行相关技术装备和环境设施条件支撑，包括但不限于配置装备控制室、录播、直播、推送系统及装备；灯光、音响等总控制系统及装备，灯光等相关技术参数指标在之后相关章节中述明。

六是配备道具间、分性别的换装准备间。

（三）主题活动：开展国家主题日活动

在3月15日消费者权益保护日、4月15日国家安全教育日、4月26日世界知识产权日、6月5日世界环境日、6月26日国际禁毒日、9月19日国防教育日、11月9日全国消防日、11月25日国际反家庭暴力日、12月2日全国交通安全日、12月4日国家宪法日组织主题活动。

第六章　青少年法治教育实践基地场馆标准化建设

本章基于一系列国家标准、行业标准，结合法治实践教育实际需要，针对实践基地场馆建设的建设规模、建筑设计（建筑选址、总平面设计、功能模块设计、安全设计、无障碍设计、安全标志设置）、室内环境条件（采光与照明、装修指引、室内空气质量、声环境）、基础教育设备等方面，围绕科学教育理念与学习方式，实现与相应功能匹配，提出相应环境设施条件要求的系统建议方案，力求实现理念、方式、功能三者之间的有机统筹协调，确保场馆建设规划设计能符合育人目标和未来发展的需要。

一、建设规模

坚持在满足基本条件和要求的基础上，综合当地经济社会发展水平、服务辐射区内学校数量结构等因素科学规划实践基地的布局和规模，为增强新建实践基地的科学性，提高实践基地的建设质量，建议将建筑面积、最大接待容量、建设经费预算等作为规划的必要内容，履行相应的立项审批和备案程序，便于全过程质量监控。

参照《博物馆建筑设计规范》（JGJ 66－2015）历史类博物馆、艺术类博物馆、科学与技术类博物馆、综合类博物馆等标准化建设，按照《国务院关于调整城市规模划分标准的通知》明确提出的城市划分标准、全国青少年学生法治教育示范基地的建筑标准化建设及接待容量，将实践基地建设规模按建筑面积和接待容量分成大、中、小型三类：建筑面积 $5000m^2$ 以上的为大型实践基地，建筑面积 3000—$5000m^2$ 的为中型实践基地，建筑面积 $3000m^2$ 以下的为小型实践基地。实践基地的建筑面积不宜小于 $1500m^2$，常设场馆建筑面积不宜小于 $1200m^2$，国家级实践基地原则上应为大型。

值得注意的是，以上关于建筑面积数量指标的设定只是一种普遍要求，不能绝对化和机械适用。青少年法治教育实践基地建设应重质量而非数量，实践基地分为专题类和综合类，适用不同的指标。随着青少年法治教育实践基地建设理论和实践的深入推进，在建设综合类实践基地的基础上，再深入专题类实践基地标准化建设及配备的研究。

参照《科学技术馆标准化建设标准》(建标 101 - 2007)，在实践基地的建设规模和建筑面积指标中加入必备的指标。如对于实物占地率，其第 22 条规定：“科技馆展览的展品实物占地率宜为 20%—30%。”青少年法治教育实践基地的展品实物占地率宜为 40% 以下。又如，对于瞬时最高观众容量，其第 24 条规定，科技馆展厅设计应按瞬时最高观众容量合理确定各主要专业技术计算指标，瞬时最高观众容量宜取值为 0.2—0.25 人/m^2，即 4—5m^2/人。青少年法治教育基地的参观者主要为未成年人学生，且考虑到实践活动相对参观活动对安全性及更大空间的客观需求，建议瞬时最高观众容量应高于 0.25 人/m^2，宜为 0.3 人/m^2，即 3—4m^2/人。

二、建筑设计

(一)建筑选址

按照相似性、相近性原则，实践基地建筑设计应参照《文化馆建筑设计规范》(JGJ/T 41 - 2014)相关要求，根据建筑要求合理确定总平面的各项技术指标，并优先利用周边的公共资源。《文化馆建筑设计规范》(JGJ/T 41 - 2014)主要解决实践基地建筑设计规范问题，旨在为法治教育实践基地的建筑场馆提供兼具规范性与前瞻性的标准。实践基地的建筑设计，应根据当地经济发展水平、服务人口数量、群众文化需求、地方特色、民族文化传统等因素，在满足当前适用的基础上适当预留发展余地。

参照《文化馆建筑设计规范》(JGJ/T 41 –2014),实践基地的建筑设计还应符合节约能源、环境保护的要求,并符合《绿色建筑评价标准》(GB/T 50378 –2019)的有关规定。实践基地场馆设计应符合民族文化、传统习俗;环境设计、建筑造型及装饰设计应突出当地文化特色。实践基地的室外活动场地和建筑物的安全设计应包括防火、防灾、安防设施、通行安全、环境安全等,且防火应符合现行《建筑设计防火规范》(GB 50016 –2014,2018 年修订)的规定。抗震应符合《建筑抗震设计规范》(GB 50011 –2010,2016 年修订)的规定。

实践基地建筑选址应符合当地文化事业的发展和城乡规划的要求。应有独立的建筑基地,当与其他建筑合建时,应满足使用功能的要求,且自成一区,并应设置独立的出入口,保证法治教育实践基地的相对独立空间。具体应符合下列规定:(1)应选择位置适中、交通便利、便于学生集中活动的地区;(2)环境应适宜,并结合城镇广场、公园绿地等公共活动空间综合布置;(3)与各种污染源及易燃易爆场所的控制应符合并高于国家现行有关标准的规定;(4)应选在工程地质及水文地质较好的地段。科学的选址有助于法治实践基地发挥应有作用,安全有效开展法治教育活动。

应当注意,当实践基地距医院、学校、幼儿园、住宅等建筑较近时,室外活动场地及建筑内噪声大的功能用房应布置在医院、学校、幼儿园、住宅等建筑的远端,并应采取防干扰措施,尊重附近居民的相邻权等民事权利，这也是法治教育本身包含的应有之义。

（二）总平面设计

实践基地场馆的总平面设计应符合下列规定：(1)功能分区应明确，群众活动区宜靠近主出入口或布置在便于人流集散的部位；(2)人流和车辆交通路线应合理，道路布置应便于道具、展品的运输和装卸；(3)基地至少应设有两个出入口，当主要出入口紧邻城市交通干道时，应符合城乡规划的要求并留出疏散距离。实践基地建筑的总平面应划分静态功能区和动态功能区，且分区要明确、互不干扰，并应按人流和疏散通道布局功能区。静态功能区与动态功能区宜分别设置出入口。这些出入口是保障实践基地宣传展示活动正常进行的基本要求，同时也是应对突发情况的应急疏散的必需。

（三）功能模块设计

1. 空间设计

实践基地各场馆内空间设计应按照功能区划分进行“模块化”设计，不同法治实践教育基地的空间设计，应围绕不同的教育理念与教育方式，提出相应的功能与设施需求，确保空间规划设计能达到预期的目标。参照《图书馆建筑设计规范》(JGJ 38－2015)和《中小学校设计规范》(GB 50099－2011)相关规定，应当能适应青少年实践教育的需求及特点，根据场馆功能、体量与经济性确定场馆柱网与层高，如举行宪法仪式教育的区域，室内净层高不宜低于4.5m。新建实践基地宜采用“模块化”设计方法，按需求确定空间“功能块”，同一功能块内同柱网、同层高、同荷载，为未来空间的有机更新预留灵活性。为确保良好通风，房间进深不宜大于14m。宜设一个主要出入口，便于统一管理，另设一个疏散次入口。

实践基地入口的空间设计涉及整体展现，通过垂直向度上构建出法院的等级感和权威性，逐步迈过台阶意味着从日常生活的角色的抽离，感性认识应服从更为高级的理性认识，唤起崇尚法治的信念。如中国人民大学的明德法学楼，走进人大西门，就会看到一座红色的明德楼，站在明德广场，明德法学楼映入眼帘，它雄伟高挺，随着高达整整一层楼的阶梯而上，仿佛可以看见正义与真理的光芒。再如，入口的空间设计还可加入罗马柱元素，参照法院惯用的塔斯干柱式，即一种源于“多立克式”而来的柱式，象征简约、厚重、刚性，以此来展示法律作为一种刚性的社会规范，呈现出阳刚、客观、理性的色彩和逻辑。

2. 设计原则

一是灵活性设计。设计应体现新素养、新课堂、新学习和新技术的发展趋势，在依据使用面积指标设立一般功能分区的基础上，适应公共活动场所人流量大的特点，分区明确、布展灵活、展品可更换、参观流线可变。可结合场地与需求进行功能的灵活优化与动静态分区设计，除各项教育资源及教育功能区之外，可设交流分享区、休息区及行政管理、讲解员老师、工作人员的研究及保障办公用房等空间。

二是人性化设计。法治实践教育基地的建筑设计应注重满足师生多元法治实践教育实践需求,打造法治实践教育新场景。重视自然通风、北侧采光、噪声控制等方面的合理设计。接受残疾学生的实践基地,应实施空间无障碍设计。提高安全性设计,合理规划危机意外逃生与安全通道。

三是适用性设计。实践基地入口处应当设置门厅,安检及验票口应当位于门厅之内。宜在人流集中的路边设置宣传栏、画廊、报刊橱窗等宣传设施,以最大限度地发挥实践基地的宣传教育功能。结合地形、地貌、场区布置及建筑功能分区的关系,布置室外休息活动场所、绿化及环境景观等。实践基地室内设计宜综合室内装修、物理环境、信息技术设备装置等方面因素进行。

总之,实践基地的整体设计应首先满足内部教育功能的需要,环境景观设计宜与规划、建筑设计和室内外体验场馆有机协调,建筑形象应简洁大方,形式与功能相协调,具有地方特色,做到实用、经济和美观,实现“外观育人”“环境育人”“装备育人”。

3. 场景空间设计

一是场景倡导开放性。倡导开放式设计,建设布局灵活、功能复合、应用智慧、场景可变的法治实践教育场所。在确保安全的前提下,重视走廊、架空层、公共空间的开放式法治实践教育场所设计,打造法治实践教育新场景。

二是场景体现人本性。法治教育实践场所的功能设置要满足服务对象需求,体现法治实践教育发展方向,符合相应学段学生的心理与生理特点。适宜小学学段的法治实践教育场所,宜是具有童趣并能激发学习兴趣的教育空间,宜设大班法治实践教育教学区、席地法治实践教育区等。适宜初中学段的法治实践教育场所,宜是能激发求知欲望和探索兴趣的学习空间,宜设讨论室、项目研究室、创客空间等新型空间。适宜高中学段的法治实践教育场所,宜提供自修、合作学习和项目研究室等空间。泛在法治实践教育空间,其色彩、造型、资源与家具,宜体现相应学段的年龄特征。面向具有特殊需求学生的法治实践教育空间,宜体现无障碍、符合人体工学、简单易用等个性化需求。

三是场景鼓励特色性。有条件的实践基地宜结合当地文化特色、传统文脉与周边环境,重视空间的文化传播设计,打造富有个性与特色的新场景,鼓励打造富有文化内涵的主题法治实践教育空间。

4. 导视系统指引

宜进行标识设计,合理引导、介绍和联系各功能区。

一是功能定位。中小学法治实践教育空间的导视系统,具有指引、提示、导览、文化渲染等功能,宜设计专题导视系统,对空间结构、资源布局、服务分布、设备区域、部门分布、功能区分布等提供清晰表达与指引。

二是设计要求。导视系统设计符合《公共信息图形符号》

(GB/T 10001－2012)的规定,宜采用合适的材质、图形、符号、色彩及大小规格。加强色彩的合理运用,在安静区、个人学习间、讨论间等小区域,慎用令师生感到浮躁的色彩;在需要提示或警示的特殊区域,可选择对比度强的色彩。

三是全纳设计。对具有接待读写障碍学生等的法治实践基地,应使用相关学生易理解的标识。

(四)安全设计

1. 外部环境

实践基地的主要使用者为中小学生,实践基地发挥校外课堂的作用,故其建筑设计也应当符合中小学校设计规范的相关要求。建筑设计应当保障使用者的安全,宜参照现行国家标准《中小学校设计规范》(GB 50099－2011)相关规定执行,满足儿童、青少年、老年人、残障人士、婴幼儿监护人等使用和安全的要求。应建设在阳光充足、空气流动、场地干燥、排水通畅、地势较高的宜建地段,应有布置运动场地和提供设置基础市政设施的条件,严禁建设在地震、地质塌裂、暗河、洪涝等自然灾害及人为风险高的地段和污染超标的地段。基地内建筑与污染源的距离应符合或高于对各类污染源实施控制的国家现行有关标准的规定,以保护青少年的人身安全。

新建的实践基地建筑工程设计前,应进行建筑工程所在城市区域土壤中氡浓度或土壤表面氯析出率调查,并提交相应的调查报告。未进行过区域土壤中氯浓度或土壤表面氯析出率测定的，应进行建筑场地土壤中氡浓度或土壤氡析出率测定，并提供相应的检测报告。实践基地建筑工程设计应根据建筑物的类型和用途控制装修材料的使用量。

同时，由于实践基地将发挥校外课堂的作用，且可能出现多校合用的情况，故考虑到周边学校分布是合理规划其布局、提升实践基地利用率的前提。实践基地应有良好的交通条件，有条件时宜设置临时停车场地。实践基地的规划布局应与周边学校分布及交通情况相协调。与实践基地毗邻的城市主干道应设置适当的安全设施，以保障学生安全跨越。

2. 内部环境

（1）总体要求

内部环境建设也要坚持“安全第一”的原则，高压电线、长输天然气管道、输油管道严禁穿越或跨越实践基地；当在实践基地周边敷设时，安全防护距离及防护措施应符合相关规定；在防火、防潮、防霉、防动物、保洁和安全等方面，配置相应的设施设备。

（2）消防安全

消防安全应符合《建筑设计防火规范》（GB 50016－2014，2018 年修订）、《建筑内部装修设计防火规范》（GB 50222－2017）等规范要求落实防火设计，配足配齐消防栓、灭火器等相关消防设备。宜设防火自动报警装置，鼓励设应急声、光报警系统。法治实践教育场馆内应加强日常的防火管理，空间非使用时应切断电源。严格控制一切用火，不许带易燃物进馆，不得在法治实践教育空间内吸烟、点蚊香等。应结合实际制定《法治实践教育实践基地防火应急管理预案》。

(3)用电安全

公共区内不应当有外露的配电设备。公众可触摸、操作的展品电气部件应当采用安全低电压供电,以保护学生及老师的人身安全。电源插座应为安全型,数量充足,位置满足教学设备安装要求。电源插座、空调电源插座和照明用电应分设不同支路。

(4)窗台及防护栏设置

由于实践基地主要供青少年学生进行法治教育宣传活动,应防范学生追逐打闹所引发的可能后果,临空窗台的高度不应低于0.90m。上人屋面、外廊、楼梯、平台、阳台等临空部位必须设防护栏杆,防护栏杆必须牢固、安全,高度不应低于1.10m,防护栏杆最薄弱处承受的最小水平推力应不小于1.5kN/m。此项标准旨在防止学生因突发情况靠近临空部位而高空坠落。

(5)门窗设置

按照教学用房的门窗设置规定:一是疏散通道上的门不得使用弹簧门、旋转门、推拉门、大玻璃门等不利于疏散通畅、安全的门;二是各教学用房的门均应向疏散方向开启,开启的门扇不得挤占走道的疏散通道;三是靠外廊及单内廊一侧教室内隔墙的窗户开启后,不得挤占走道的疏散通道,不得影响安全疏散;四是二层及二层以上的临空外窗的开启扇不得外开。此项标准旨在提高青少年在紧急情况发生后的逃生可能性，由于实践基地也对低年级学生开放，故应急疏散门不应采用日常生活中不常见且操作难度较高的设计。

(6)道路安全设置

实践基地内的道路安全也是设计时需要重点考虑的因素。实践基地内的道路设计应与各建筑的出入口及走道衔接，构成安全、方便、明确、通畅的路网。应设消防车道，消防车道设置应符合《建筑设计防火规范》(GB 50016－2014，2018 年修订)的有关规定。实践基地内道路每通行 100 人道路净宽为 0.70m，每一路段的宽度应按该段道路通达的建筑物容纳人数之和计算，每一路段的宽度不宜小于 3.00m。实践基地内人流集中的道路不宜设置台阶。

(7)台阶及坡道设置

青少年学生在传统意义的校内课堂之外进行实践活动时，很可能由于兴奋而减少对道路的注意力，故实践基地台阶的设计应当醒目且方便少年儿童行走。实践基地的建筑物内，当走道有高差变化应设置台阶时，台阶处应有天然采光或照明，踏步级数不得少于 3 级，并不得采用扇形踏步。当高差不足 3 级踏步时，应设置坡道。坡道的坡度不应大于1∶8，不宜小于 1∶12。

(8)楼梯设置

实践基地楼梯间应有天然采光和自然通风，减少聚集性传染病传染的可能。楼梯梯段宽度应为人流股数的整数倍。梯段宽度不应小于 1.20m，并应按 0.60m 的整数倍增加梯段宽度。每个梯段可增加不超过0.15m的摆幅宽度。实践基地内楼梯每个梯段的踏步级数不应少于3级,且不应多于18级,楼梯的坡度不得大于30度。疏散楼梯不得采用螺旋楼梯和扇形踏步。楼梯两梯段间楼梯井净宽不得大于0.11m,当大于0.11m时,应采取有效的安全防护措施。两梯段扶手间的水平净距宜为0.10—0.20m。设计楼梯时应当充分考虑到使用者的年龄层次,便利低年级学生通行。

此外,除首层及顶层外,实践基地建筑的疏散楼梯在中间层的楼层平台与梯段接口处宜设置缓冲空间,缓冲空间的宽度不宜小于梯段宽度,以便在一定程度上舒缓通行压力。同时,楼梯两相邻梯段间不得设置遮挡视线的隔墙,便利学生注意人流,避免踩踏事故的发生。

(9)楼梯扶手设置

实践基地楼梯扶手的设置应符合下列规定:①楼梯宽度为2股人流时,应至少在一侧设置扶手;②楼梯宽度达3股人流时,两侧均应设置扶手;③楼梯宽度达4股人流时,应加设中间扶手;④实践基地室内楼梯扶手高度不应低于0.90m,室外楼梯扶手高度不应低于1.10m;水平扶手高度不应低于1.10m;⑤实践基地的楼梯栏杆不得采用易于攀登的构造和花饰,杆件或花饰的楼空处净距不得大于0.11m;⑥实践基地的楼梯扶手上应加装防止学生溜滑的设施。按照人流股数合理规划楼梯扶手,可以在保障青少年学生人身安全的同时,提升楼层间的通行速度,这不仅是日常教育的需要,也是发生紧急情况时便利学生逃生的考量。

（五）无障碍设计

实践基地应当符合《无障碍设计规范》（GB 50763－2012）的要求。由于青少年法治教育实践基地面向全体青少年学生开放，盲人、聋人、肢体残疾的学生也会到访实践基地，因此应当考虑到残障学生的需求，帮助其更好地参加法治教育，这不仅是对残障学生平等权的保护，也是使全体学生真切感受权利意识、平等观念的重要契机，使他们在法治实践基地接受知识教育的同时，潜移默化将法治、平等、尊重的观念植入人心。

实践基地缘石坡道应符合下列规定：（1）缘石坡道的坡面应平整、防滑；（2）缘石坡道的坡口与车行道之间宜没有高差，当有高差时，高出车行道的地面不应大于 10mm；（3）宜优先选用全宽式单面坡缘石坡道。缘石坡道的坡度应符合下列规定：（1）全宽式单面坡缘石坡道的坡度不应大于 1∶20；（2）三面坡缘石坡道正面及侧面的坡度不应大于 1∶12；（3）其他形式的缘石坡道的坡度均不应大于 1∶12。缘石坡道的宽度应符合下列规定：（1）全宽式单面坡缘石坡道的宽度应与人行道宽度相同；（2）三面坡缘石坡道正面的宽度不应小于 1.20m；（3）其他形式的缘石坡道的坡口宽度均不应小于 1.50m。缘石坡道主要是为需要使用代步工具的学生提供，使其可以便利地使用实践基地设施，安全地参加法治教育宣传活动。同时，法治实践基地的器械等设施也需要借由缘石坡道予以运输，故此标准也为建设阶段的安全运输提供便利。

法治教育实践基地的盲道应符合下列规定：(1)盲道按其使用功能可分为行进盲道和提示盲道；(2)盲道的纹路应凸出路面4mm高；(3)盲道铺设应连续，应避开树木(穴)、电线杆、拉线等障碍物，其他设施不得占用盲道；(4)盲道的颜色宜与相邻的人行道铺面的颜色形成对比，并与周围景观相协调，宜采用中黄色；(5)盲道型材表面应防滑。法治教育实践基地也对残障儿童开放，盲道可便利有视觉困难的学生到访基地，接受法治教育，体现法律帮扶弱小、平等保护每个个体的精神，这也是实践基地本身所蕴含的法治精神的彰显。

轮椅坡道宜设计成直线形、直角形或折返形。轮椅坡道的净宽度不应小于1.00m，无障碍出入口的轮椅坡道净宽度不应小于1.20m。轮椅坡道的高度超过300mm且坡度大于1∶20时，应在两侧设置扶手，坡道与休息平台的扶手应保持连贯。轮椅坡道的坡面应平整、防滑、无反光。轮椅坡道起点、终点和中间休息平台的水平长度不应小于1.50m。轮椅坡道临空侧应设置安全阻挡措施。此项标准主要是为腿部、足部等下肢有残障的学生提供便利，方便其使用轮椅等代步工具参观基地、参与活动。

(六)安全标志设置

安全标志按照规范要求进行设置可以在最大限度内引起实践基地到访者的注意，尤其当到访者为未成年学生时，更应当考虑其智力与认知水平，按照标准要求放置安全标志，便于学生理解，这也是实践基地安全意识法治教育的体现。法治教育实践基地的安全标志设计应当符合《安全标志及其使用导则》(GB 2894－2008)的相关要求。标志牌应设在与安全有关的醒目地方，有足够的时间来注意它所表示的内容。环境信息标志宜设在有关场所的入口处和醒目处，局部信息标志应设在所涉及的相应危险地点或设备(部件)附近的醒目处。标志牌不应设在门、窗、架等可移动的物体上，以免标志牌随母体物体相应移动，影响认读，标志牌前不得放置妨碍认读的障碍物。标志牌的平面与视线夹角应接近90°，观察者位于最大观察距离时，最小夹角不低于75°。

三、室内环境条件

《民法典》第9条规定，“民事主体从事民事活动，应当有利于节约资源、保护生态环境”。该条款是绿色原则的法律依据，法治教育实践基地的建设合同具有一定的民事性质，且蕴含绿色原则本身也是对青少年法治教育的重要内容，实践基地建筑设备采用节能、节水系统和产品便是对绿色原则的遵循。同时，中小学法治实践教育空间应具备良好的通风、采光、照明、安全等条件，配备必要的法治实践教育服务设施与装备，满足法治实践教育管理要求，并按实际需要及时更新设施设备。

(一)采光与照明

采光设计应当符合《建筑采光设计标准》(GB 50033－

2013)的规定,这不仅利于青少年在接受法治教育时的用眼健康,也是对绿色原则的坚持和贯彻。法治教育实践基地场馆的采光设计应根据地区光气候特点,采取有效措施,充分优先利用天然光,节约能源,宜充分利用北向自然光,窗户安装无色透明玻璃。注重防晒,宜设遮阳板、窗帘等防护设施,做到技术先进、经济合理,有利于节约能源、保护环境,创造良好光环境。

实践基地照明应当符合《建筑照明设计标准》(GB 50034－2013)的有关规定。在满足功能要求情况下,照明光源应当优先选择护眼、高效、节能型的产品。考虑到实践基地的使用对象多为学生、且往往按批进入,应提供充足照明条件供学生进行法治学习,具体应符合下列条件:

1. 实践基地使用的灯具应当通过国家强制性产品认证。主要功能区光源的显色指数(Ra)应当≥80。

2. 工作场所应设置一般照明,如一般展示区、法治资源教室等场所。

3. 当同一场所内的不同区域有不同照度要求时,应采用分区一般照明。为营造良好的法治教育效果,可适当提高教育资源区及教育功能区部分的照度,在节能的同时保障学生的用眼健康,提升法治教育的效果。

4. 在一个工作场所或教育场所内不应只采用局部照明,应营造整体光感,避免因人形遮挡而产生照明不均的情况。

采光与照明控制应符合下列规定:(1)对于有天然采光的场所,宜采用与采光相关联的照明控制系统;(2)控制系统应根据室外天然光照度变化调节人工照明，调节后的天然采光和人工照明的总照度不应低于各采光等级所规定的室内天然光照度值。

（二）装修指引

实践基地场馆的装修应安全、实用、经济、美观、环保，流程规范，打造面向未来的教育新场景。法治实践教育空间装修所形成的使用荷载，应在原结构设计所允许的范围内，不得破坏承重结构，不得破坏功能空间的防水功能，不得降低建筑设计的节能标准并满足相关防火规范。实践基地的装修，应安全、适用、舒适、便捷，与周边环境协调，视觉上有吸引力，能符合和增强中小学生的审美素养、情感认知与空间认同感。

实践基地场馆的装修材料和配套设备设施应选用绿色环保、低污染、高节能、高耐久性的产品。所选材料和设备必须符合国家、学校所在省市、相关行业的产品质量标准，符合设计与施工的相应标准，避免对室内空气造成污染。容易产生污染的材料，应重视原材料的现场管理。装修材料应符合《建筑内部装修设计防火规范》（GB 50222－2017）的相关规定，见表6－1。

表6－1　装修材料燃烧性能等级

类型	顶棚	墙面	地面	隔断	固定家具	其他装饰材料
等级	A	B1	B1	B1	B2	B2

注：装饰材料燃烧性能划分详见《建筑内部装修设计防火规范》第3.0.2条：A为不燃性，B1为难燃性，B2为可燃性。

1. 顶棚。宜设吸音吊顶，造型宜简约大气并可结合特色主题设计，可选穿孔石膏板、纸面石膏板、穿孔铝板、铝方通等材料。

2. 墙面。结合空间朝向、光照和家具等因素，宜采用温和、明亮、安静的主色调，营造轻松、愉悦、积极的环境氛围，可选吸音壁毯、护墙板、冰火板、水性釉面漆、无机乳胶漆、可书写墙等材料。内墙的阳角和凸出墙面的方柱宜做圆角。

3. 地面。应采用防滑、防尘、易清洁的环保材料，可选彩色水磨石、晶磨石、PVC 卷材、复合地板或防滑地砖等材料，其中阅览区宜采用静音型或软质吸声地材。

装修完工后应委托具备相应资质的检测机构进行室内空气质量检测，符合《民用建筑工程室内环境污染控制规范》（GB 50325 －2010）标准。家具进场后使用前，检测结果应满足《室内空气质量标准》（GB/T 18883 －2002）的相关要求。

（三）室内空气质量

良好的室内空气质量不仅保护参与法治教育活动的青少年学生身体的健康，也可以保护实践基地工作人员的健康权益，是对《劳动法》的贯彻与遵守，也体现了法治教育实践基地本身的法治要求。

法治教育实践基地室内空气质量应当符合《室内空气质量标准》（GB/T 18883 －2002）及《民用建筑工程室内环境污染控制标准》（GB 50325 －2020）的有关规定。室内空气应无毒、无害、无异常气味。实践基地内的公共卫生间应当采取防交叉感染措施。

重视法治教育实践基地场馆空间有组织的自然通风。依气候条件,可有选择安装制冷设施。鼓励在人流较为密集的空间,选装二氧化碳浓度、温度等指标为监控重点的空气质量智能调节设施。采用自然通风的建筑工程,自然间的通风开口有效面积不应小于该房间地板面积的1/20。夏热冬冷地区、寒冷地区、严寒地区等的建筑工程需要长时间关闭门窗使用时,房间应采取通风换气机械措施。

重视法治实践教育空间内空气清新与通风工作,宜配可移动式空气净化消毒器。采用机械通风时新风量应当符合《公共建筑节能设计标准》(GB 50189－2015)的有关规定。

(四)声环境

法治教育实践基地场馆内的噪声控制应参照《图书馆建筑设计规范》(JGJ 38－2015)的有关规定,法治资源教室(实践基地内)及讲解区域的环境噪声控制值应当符合《民用建筑隔声设计规范》(GB 50118－2010)的有关规定。有动静态分区的法治实践教育空间,内墙、顶棚与地面宜选吸音装饰材料,安静区域噪声≤40dB。泛在法治实践教育空间宜采取适当的隔音降噪措施,营造良好法治实践教育氛围。制作视音频素材的特殊空间和有声法治实践教育空间,应有优质隔音设施。参考此项标准旨在保护青少年学生的听力健康,保障法治教育实施的效果,具体适用条件如下:

1. 实践基地主要教学用房设置窗户的外墙与铁路路轨的距离不应小于 300m，与高速路、地上轨道交通线或城市主干道的距离不应小于 80m。当距离不足时，应采取有效的隔声措施。

2. 位于交通干线旁的教学建筑，宜将运动场沿干道布置，作为噪声隔离带。产生噪声的固定设施与教学楼之间，应设足够距离的噪声隔离带。当法治资源教室有门窗面对运动场时，教室外墙至运动场的距离不应小于 25m。

3. 发挥教学作用的建筑内不应设置发出强烈噪声或振动的机械设备，其他可能产生噪声和振动的设备应尽量远离教学用房，并采取有效的隔声、隔振措施。

4. 设有法治资源教室的建筑内的封闭走廊、门厅及楼梯间的顶棚，在条件允许时宜设置降噪系数（NRC）不低于 0. 40 的吸声材料。法治资源教室内宜控制混响时间，避免不利反射声，提高语言清晰度。

5. 法治教育实践基地内的各种展示、教学用房应当符合以下要求：一是法治资源教室、阅览室：允许噪声级≤40dB；二是计算机房、普通教室：允许噪声级≤45dB；三是教师休息室、会议室：允许噪声级≤45dB；四是教室周围封闭的走廊、楼梯间：允许噪声级≤50dB。

6. 产生噪声的房间与其他教学用房设于同楼内时，应分区布置，并应采取有效的隔声和隔振措施。法治教育实践基地有许多设施有音响效果，借助声音加深学生记忆是一种行之有效的教学方法,但同时应当在规划时注意将有声教学与无声教学的场地分开,提升法治教育效果。

四、基础装备配备

配备适量用于中小学生法治实践教育的设施设备,其规格应符合相应年龄使用需要,满足不同法治实践教育服务的需要。

1. 家具装备。包括休息凳子、陈列柜、研讨桌椅、公告栏、书架、报刊架等设施。家具应标准化与成套化,功能实用符合人体工学,家具边线宜倒角,质感、外形与所在空间风格相协调。如学生休息区应当设置座椅、饮水部和卫生间,座椅的数量不宜小于展厅瞬时最高观众容量的5%。

2. 非家具装备设施。按需配置计算机、打复印一体机、朗读亭、电子法治实践教育设备、法治实践教育数据显示屏等相关设备。实践基地宜配独立音响系统,实现背景音乐播放功能和音频点播法治实践教育功能。实践基地入口与教育资源区、教育功能区中的重点区域,宜设视频监控设备。

3. 选配有声教育装备。可配便于无障碍使用的计算机、音频播放设备、视频播放设备、法治实践教育辅助设备及软件等,读物的播放速度、声响大小应可调控。

五、基地场馆信息化建设

信息化系统及设备应当满足各法治教育资源及教育功能

区基本的信息化需求，根据各场馆各资源区、功能区应用场景提供相应服务，应包括内容管理系统、学生信息识别系统、学生学习轨迹采集系统、直播互联互通系统、数据同步系统、数据备份管理系统、服务器预警和监控系统等。

（一）依据及经验

我们所处的时代是互联网高度发达的信息化时代，[1] 青少年的学习生活已经开始逐步实现信息化、智能化，教育本身也面临着从传统治理向数据治理发展的系统性变革。2019 年 2 月，中共中央办公厅、国务院办公厅印发的《加快推进教育现代化实施方案（2018—2022 年）》规定，“着力构建基于信息技术的新型教育教学模式、教育服务供给方式以及教育治理新模式”。

现代教育以网络等信息化手段，将多种资源，包括文字、声音、视频、图形、动画等进行系统化处理，使其在进入教育教学领域后，能够被教育受众以最为便捷的方式使用和利用。[2] 因互联网技术搭建了一个没有物理边界限制的新型空间，基于现代信息技术的互联网技术、云计算、大数据等，可以通过个人终端将知识和信息瞬时输送给学生。通过网络技术，法治教育可以打破时空壁垒，融汇到无限的空间和群体之中，使各种法

---

〔1〕 刘金松：《数据治理：高等教育治理工具转型研究》，载《中国电化教育》2018 年第 12 期。

〔2〕 彭苇：《教育技术与网络教学资源整合》，光明日报出版社 2017 年版，第 278 页。

治教育资源信息延伸到每个人，这必然将极大增强法治教育资源的丰富性及获取的便捷性，对提升法治教育的实效具有重要意义。

借助信息化的教育手段，青少年法治教育的内容展示形式也会变得十分多样，教学内容能够以文字、图形、声音、影像、动画等多种形式进行系统式的组合展示。这种一体化的展示方式能够最大限度地有效整合教育资源，从而逐渐成为现代教学的主要方式。多组合、综合性系统，集声音、影像、联网与实时操作于一体，使多样化情景集中向外辐射，形成快速的“情景刺激”，从而提升学生对法治相关内容和理念的精准把握和全面认知。[1]

《青少年法治教育大纲》等政策文件都十分重视利用信息技术手段丰富法治教育载体、整合提升法治教育资源、引导学生自主学习的重要作用，提出要充分利用网络手段，促进优质法治教育资源的普及与推广的全面覆盖。《教育部“八五”普法规划》中进一步提出，加强教育部全国青少年普法网等平台建设，探索建立面向教育系统行政执法人员、校长、教师等群体的在线学法资源平台。通过运用大数据、云计算、人工智能等新技术，推动普法内容供给侧结构性改革，推动构建立体化法治宣传教育体系。

据此，法治教育实践基地的场馆建设方案，可以以全国青

---

〔1〕 姜永伟、陆宇峰：《社会协同视角下青少年法治教育的信息化变革》，载《中国电化教育》2019 年第 5 期。

少年学生法治教育实践示范基地为蓝本，实践基地内各类管理系统应对接全国青少年学生法治教育实践示范基地云平台，以实现对各实践基地资源、数据的有效管理，实现实践基地的资源、信息、数据的有效管控。

一是法治教育实践基地应重视运用高新技术手段，重视科技在中小学法治实践教育空间建设、管理和服务中的作用，有条件的地方可采用 AR、VR、数字化信息采集器、交互式智能设施设备等新技术，创建能增强师生深度法治实践教育感知的互动体验空间，配备在全国同步开展大型法治宣传教育活动、进行远程培训、资源共享等功能。

二是各实践基地应实现与“全国青少年学生法治教育实践示范基地”云服务平台互联互通，实现从云平台获取和更新资源、提交和上传数据。

三是应具备与全国学生“学宪法讲宪法”活动、“宪法小卫士”网络火炬传递活动、国家宪法日“宪法晨读”等重大活动的全国联动功能。

为推动普法教育与普法实践相结合，利用网络媒体和信息技术丰富学校法制教育的形式与内容，教育部于 2013 年 1 月 7 日开通了全国青少年普法网（www. qspfw. edu. cn），它是由教育部全国教育系统普法领导小组办公室主办，专门针对青少年学生开展法治宣传教育的专业化、公益性网站。网站集合图片、文字、视频、动画、课件、电子书、游戏学习、社区及管理系统等新媒体优势，旨在为中小学师生开展法治教育提供全方位的支持和帮助，力图成为贴近学生、服务教师、协助学校、帮助家长的法治教育资源中心和学习平台。建设并开通全国青少年普法网，是推进学校法治宣传教育工作的一项重要举措。教育部将进一步加大青少年法治教育的工作力度，组织高校专家学者、司法机关以及各种社会资源，共同参与和支持青少年法制教育，并将充分利用这一网络平台，组织和动员中小学教师制作法治教育课件、展示法治教育成果，汇集和传播符合青少年身心特点、内容新颖、形式生动的优质法治教育资源，为中小学深入开展青少年法制教育提供有力支持。[1]

各地法治教育实践基地建设应充分利用好全国青少年普法网的优质法治教育资源。一是利用全国青少年普法网助推实施法治教育，组织学生登录“网上学宪法”栏目，观看“法学大家讲宪法”视频；组织学生收看优质法制教育课程资源、普及法律知识的动漫作品。二是组织教师积极参与全国青少年普法网开展的“青少年学生法治教育优秀多媒体课件资源征集活动”，充分调动教师参与青少年法治教育的积极性、创造性。三是联合辖区宣传部门、广电局、新闻出版局，借助新闻媒体单位开发建设专业的青少年学生普法网上平台，为青少年学生学法用法提供丰富便捷的网络资源。[2]

---

〔1〕《教育部开通全国青少年普法网》，载教育部官网，http://www.moe.gov.cn/jyb_xwfb/gzdt_gzdt/ moe_1485/201301/t20130107_146500.html。

〔2〕李立群：《学校法治教育的核心内容及其实施路径》，载《教学与管理》2015年第30期。

（二）特点及功能

信息化是一个相对独立的系统，在每个资源区、功能区都有体现，因此，将信息化建设作为一个独立的部分来研究，避免在各个资源区、功能区关于信息化条件的大量重复。信息化在教育现代化中具有不可替代的重要作用，倡导在实践基地建设中充分运用信息化手段，不仅是丰富教育载体、整合提升教育资源的重要内容和手段，也是探索法治教育评价的重要路径。通过大数据分析青少年法治教育效果，通过云平台收集展示学习效果数据，将为各级教育行政部门做好法治教育评价工作，提供重要参考和渠道。信息化的特点决定了其有如下具体功能：

1. 支撑智慧化教育活动

实践基地整体的信息化建设和信息化设备的合理运用是弥补学校教育资源相对不足、创新形式、提高兴趣、提升教育效果的重要渠道，也凸显出信息化建设在创新教育形式中的统领地位。实践基地可根据实际合理选配智慧法治实践教育触屏等设施，依托大数据开展智能化"可知、可导、可管"的个性化法治实践教育服务。

一是提供学生信息识别系统（如学生馆卡制作系统、生物特征识别系统），采集活动轨迹等，为相关大数据分析奠定数据基础（可满足评测、评价等功能，为实践基地建设的改进提供依据）。

二是信息化系统及设备应满足各功能区基本信息化的展示需求,应具有教学课件管理系统、题库管理系统、在线答题评分系统、在线问题交流论坛等板块。

三是信息化管理系统应配置移动客户端,用户可通过智能手机、平板电脑登录系统进行学习、管理。

四是支撑实现远程授课、教师培训、互联互通、同步直播等功能。

通过探索基于区块链、大数据等新技术的智能学习效果记录、转移、交换、认证等有效方式,积极构建泛在化、智能化法治实践教育体系。

2. 保障教育内容资源集中统一管理

内容管理系统有利于展示资源的统一管理,及时更新且可以保障内容的正确性、科学性、实效性。

一是数据同步系统可以实现云平台对各个实践基地数据的备份;同时,数据备份管理系统在实践基地本地也应对数据进行冷备份,以实现对数据的双重保护。

二是服务器预警系统、监控系统能够确保对实践基地后台服务运行情况予以准确、全面的掌握。当系统出现错误或者服务器宕机时,可及时得到应对处理。

有学者建议,在建设全国青少年普法网和青少年普法公众号的基础上还应进一步加大资源的共建共享,其一是在全国范围内建立和评选出与青少年法治教育有关的一批普法公众号和普法网站,建立普法公众号和普法网站资源库平台,资源库平台应该定期更新，资源库中的普法公众号和普法网站的投稿渠道应当保持畅通，投稿方式应在公众号和网站上公开；其二是资源库中的普法公众号或网站上发表的普法文章和普法微课等作品可作为思想道德修养与法律基础课教师评职称的依据之一。该建议不仅可以定期更新法治教育资源，还可以通过信息化手段，与法治教育实践基地进行互联，保障全国法治教育实践基地教育资源的权威性和实效性。[1]

3. 推动资源共享、促进教育优质均衡

一是除了实践基地间的互联互通，实践基地的信息化建设可“以智慧城市信息基础平台为依托”。

二是倡导各地将实践基地纳入智慧城市建设行动计划，加强顶层设计规划，实现精细化和动态管理，使实践基地与智慧城市协同创新发展，将实践基地建设成为“智慧法治教育实践基地”。

三是为支持实践基地网络运营需要，特别是在全国范围内进行“12·4”国家宪法日暨全国教育系统宪法学习日学习宣传教育活动的直播，应最大限度地进行资源共享，满足各地青少年学生学习宪法的需求，提供网络硬件设备及相应服务系统。为保证直播过程的稳定、高速、清晰，带宽应不低于100M。实践基地各系统之间的数据传输应符合数据交换规范、应用接入标准等。

---

〔1〕 陈延华：《新时代大学生法治观念培育研究》，载《黑龙江高教研究》2018年第11期。

（三）信息安全与保障

信息技术安全是青少年法治教育实践基地安全的重要一环，在法治资源教室、法治实践模拟区等区域，学生都有可能接触信息网络，维护实践基地健康安全的网络环境，建立起信息安全的防火墙是保护青少年学生身心健康的重要路径。

1. 基本要求

实践基地信息化安全涵盖网络系统安全、计算机系统安全和信息安全等内容。建设应当符合《信息技术　安全技术　信息安全管理体系要求》（GB/T 22080－2016）、《信息技术　安全技术　信息安全管理实用规则》（GB/T 22081－2008）、《信息安全技术　网络安全等级保护基本要求》（GB/T 22239－2019）、《中小学、幼儿园安全技术防范系统要求》（GB/T 29315－2012）等相关规定，做到数据存储安全、系统安全、网络安全、数据传输规范。

一是服务管理系统应实现稳定的数据服务，同时具备数据备份、资源同步、服务监控和报警功能。

二是网络安全设备的部署根据需求设置在实践基地网络出口位置或数据中心出口位置，并配置具有数据备份、容灾系统的数据保护系统。

三是网络系统应具备成熟的千兆/万兆以太网技术和设备，核心和关键网络应安全稳定可靠，带宽需满足实践基地的最大用网需求，网络架构采用二层或三层交换架构技术，符合架构规范。

四是机房应具备消防、安防、防雷、防盗、电源管理、温湿度监控等物理安全设施，并符合《视频安防监控数字录像设备》（GB 20815－2006）的相关要求。

2. 领导层的履职承诺

实践基地信息技术的最高管理层应签订承诺书及责任书，明晰如下职责：

一是确保建立了信息安全策略和信息安全目标，并与组织战略方向一致；

二是确保将信息安全管理体系要求整合到组织过程中；

三是确保信息安全管理体系所需资源可用；

四是确保信息安全管理体系达到预期结果；

五是指导并支持相关人员为信息安全管理体系的有效性做出贡献；

六是促进持续改进；

七是支持其他相关管理角色，以证实他们的领导按角色应用于其责任范围。

3. 强化日常管理

法治教育实践基地应确保并提供建立、实现、维护和持续改进信息安全管理体系所需的资源，应做到以下几点：

一是确定在实践基地从事影响组织信息安全绩效的工作人员的必要能力；

二是确保上述人员能够胜任其工作；

三是适用时,适时采取必要措施,并评估采取措施的有效性;

四是通过人事选拔与培训,提高实践基地工作人员的信息安全维护能力、漏洞填补能力,以保护青少年学生的身心健康和数据隐私。

4. 风险评估

实践基地应当重视信息网络的安全风险评估工作。风险评估应对照风险接受准则和组织目标,识别、量化并区分风险的优先次序。以风险评估的结果确定管理措施及其优先级。评估风险和确定管理措施可定期或遇突发重大情况不定期组织,以覆盖组织的不同部门或各个信息系统。

5. 信息记录及传输

实践基地的数字录像设备采用数字压缩方式记录视(音)频信号,可直接替换模拟监控系统中的录像机,除前端器材外,通常还需要与其他监控设备共同使用,方可构成监控系统。必备功能包括:

(1)记录,回放全双工;

(2)报警联动;

(3)图像检索;

(4)权限管理;

(5)数据保密;

(6)日志功能;

(7)选加图像标识信息和时间。

选用功能包括：

(1)视音频同步；

(2)外围设备控制。

此项标准旨在以视频监控保护学生及老师的信息数据安全及人身财产权益，防止遭受不法侵害。2021 年 8 月，第十三届全国人大常委会第三十次会议表决通过的《个人信息保护法》自 2021 年 11 月 1 日起施行。《个人信息保护法》是我国首部专门针对个人信息保护的系统性、综合性法律，旨在保护个人信息权益，规范个人信息处理活动，促进个人信息合理利用，其中将不满 14 周岁的未成年人的个人信息列为敏感个人信息，针对未成年人的个人信息处理建立了更为严格的规范，这有助于切实维护未成年人的合法利益，促进未成年人健康成长。

对于在记录过程中出现的系统死机或意外故障，设备应能在规定的时间内自动恢复其正常工作状态并使故障前的信息不丢失。故障恢复时间应不大于 5min，应在产品标准中明确规定，并在产品的技术文件中明示。此外，设备应对重要数据予以备份，以备检查。

实践基地各系统之间的数据传输应当符合数据交换规范、应用接入标准等。在司法大数据逐渐普及的时代背景下，青少年法治教育实践基地应当积极探索大数据普法宣传的新策略，通过大数据展示、司法判例归类等方式，运用新颖有趣的形式，依托强大的数据处理平台，提升法治教育的实效。由此，实践基地的规划与设计应具有前瞻性,在当前的设计中为今后可能的大数据接入预留空间,完善信息网络安全建设,探索司法大数据有效接入的可能性及可行性,在不断探索法治宣传教育新方式新路径的道路上不断前行。

第七章　全国青少年学生法治教育实践示范基地建设经验

全国青少年学生法治教育实践示范基地在教育部与司法部的领导下，由北京外国语大学负责建设并运营。示范基地建筑面积4000平方米，挑高7.8米，将现代多媒体技术、智能技术与法治教育深度融合，设有序厅、法育剧场、宪法树、法育时光隧道、四大法育密室、诚信接力赛、模拟法庭等18个场馆。场馆内设有全国联网的直播系统、VR体验游戏、联网对战游戏、全机械密室等体验内容，以高科技的体验带给学生前所未有的观感，以新颖有趣的形式让学生感受法律学习的魅力。结合地方调研情况，通过总结梳理研究示范基地的建设案例，提出教育资源区、教育功能区设置方案及场馆建设标准化建设方案。本章将示范基地一些重点经验进行案例分享，为各地建设实践基地提供具有示范性的学习借鉴参考。

一、法治教育实践基地门厅

（一）实践基地入口

法治教育实践基地入口涉及总体印象和整体形象，为体现法治教育庄严性和神圣感，增强对法治的敬畏感和遵从感，应用较高挑高设计，整体色彩层次分明、和谐、醒目。

（二）法治教育动态

具体功能：包括各地学生“学宪法　讲宪法”活动大数据、法治教室大数据当地教师培训大数据，当地法治教育情况，与全国青少年普法网互联互通，以提升青少年法治教育的针对性和前瞻性。

展现形式：55 寸无缝液晶拼接屏。

（三）荣誉殿堂

具体功能：展示当地全国学生“学宪法　讲宪法”大赛获奖的团体和个人，同时展示当地法治教育和建设过程中的优秀团体和个人。

展现形式：55 寸无缝液晶拼接屏、12 寸触摸屏。

二、宪法教育资源区建设案例示例

(一)中国特色社会主义法律体系墙

具体功能:直观体现宪法的根本法地位,了解中国特色社会主义法律体系,感受宪法权威,树立宪法意识。强化学生对中国特色社会主义法律体系的理解,提升学生的公民权利与义务意识,加强学生的遵纪守法观念。

展现形式:造型墙以宪法书模型为主体,宪法书模型应根据宪法文本等比放大居中,借鉴人民大会堂相关会场背景布置,在宪法书模型两侧布置红旗,每侧 5 面。应突出宪法的母法地位,使其在与其他法律关系的对比之下能够更直观地体现,红旗外两侧应配置其他法律文本或等比例的文本模型,根据官方权威统计,截至 2021 年年底,现行有效法律总共 291 件。[1]

在布置时可以为未来法律的出台预留席位(如预留 300 个左右的框位),两边呈对称分布,其中《民法典》《国家安全法》《未成年人保护法》《教育法》等与青少年学习、生活密切相关的法律应紧邻宪法位置布置。

---

〔1〕《在立法中践行全过程人民民主——全国人大及其常委会 2021 年立法工作综述》,载中国人大网 2022 年 2 月 15 日,http://www.npc.gov.cn/npc/c30834/202202/a7ad48c799654f79b1edd80b19bc974b.shtml。

（二）宪法宣誓台

具体功能：模拟宪法宣誓。

宪法宣誓制度是国家工作人员就职时应依照法律规定公开进行宪法宣誓的制度。2018年2月24日，全国人大常委会对宪法宣誓制度作出修订，新的誓词为："我宣誓：忠于中华人民共和国宪法，维护宪法权威，履行法定职责，忠于祖国、忠于人民，恪尽职守、廉洁奉公，接受人民监督，为建设富强民主文明和谐美丽的社会主义现代化强国努力奋斗！"为增强教育适宜性，应进一步提炼适合青少年学生阅读的宪法条款，如宪法的最高效力、宪法的地位、公民的基本权利等内容。笔者在调研时发现，在山东省高密市青少年法治教育基地中，设置了《法治高密，雏凤清啼》篇章，该篇章展示了伟人在青少年时代的"故事"，分毛泽东——爱好读书、周恩来——志向远大、邓小平——勤工俭学、习近平——朴素奋斗等主题，设置《少年中国说》集中朗诵区域，引领凤城（高密市别名）青少年树立自豪感和荣誉感，该设置值得推荐与借鉴。

（三）宪法关系对对碰

展现形式：智能游戏。

（1）宪法与国家的关系

具体功能：认知宪法保障国家权力有序运行，规范和制约国家权力，避免国家权力缺位、越位和错位；宪法确认和保障公民基本权利，在人民主权原则下，宪法是人民共同意志的集中体现；宪法调整国家最重要的社会关系，维护社会稳定和国家长治久安。

（2）宪法与社会的关系

具体功能：认知法治是社会秩序构建的最重要的机制；法治以其逻辑的严密性、规范的具体性和公平正义的价值理念成为解决社会矛盾的最佳方式；宪法以规范内容的原则性和概括性的方式规范国家、社会及个人的重大事项；宪法以人民为中心的发展理念确保改革成果惠及全体人民，在教育、卫生健康、就业、收入分配、社会保障体系方面提供分享改革成果的法治保障。

（3）宪法与个人的关系

具体功能：让青少年了解宪法并非高高在上，“她”与个人毫无关系。事实上，从人一出生开始，宪法就默默保障着他的权益，他的学习、工作、婚姻、养老等权益都是宪法所维护的。宪法是个人生存和发展的根本基石，因此我们要学习宪法，了解宪法并且尊重宪法。

（四）新时代护航新征程

具体功能：回溯我国宪法的发展，让学生更加直观地了解新中国宪法的发展历程，切实感受宪法的力量，知晓在宪法保障下国家取得的成就，在宪法的刻度下体会宪法的温度，感受宪法的发展。

建设内容:新中国宪法之路展示宪法的发展历程等相关知识,从宪法与国家、宪法与社会、宪法与人民等角度,展示宪法对建设社会主义现代化强国的保障价值。

展现形式:立体音频互动装备、触摸屏。

(五)谁来管理我的国家

具体功能:了解我国的国家机构,知晓谁代表人民来管理我们的国家,了解国家的运行机制。

展现形式:触摸屏、书架。

(六)国家标志

具体功能:认知国旗、国歌、国徽、首都,知晓我国的国家标志,在法治游戏中愉快地学习知识,全面培养学生的爱国主义精神。

展现形式:触摸屏、灯箱、两款法治游戏。

(七)我的祖国

具体功能:了解宪法与国家之间的关系,知晓中国特色社会主义法律制度,感受在宪法的护佑下国家的繁荣昌盛,引导学生树立国家意识和爱国意识。

展现形式:触摸屏及墙面文字图形综合方案。

(八)民族先锋展示墙

具体功能:了解近现代中国历史上的党和国家领导人、国家勋章和国家荣誉称号获得者、“改革先锋”、“最美奋斗者”等重要人物及史实、事迹，引导青少年学生深刻理解以宪法为核心的中国特色社会主义法律体系是中国特色社会主义伟大事业顺利推进、国家长治久安和人民幸福安康的重要保障，培养爱党爱国爱人民爱社会主义的情感。

展现形式：根据场地实际，数块触摸屏＋数块显示屏。

（九）两款法治游戏

1. 数说国旗。功能：了解五星红旗在各个地方升起的时刻，全面提升学生的民族自信心和自豪感。

2. 国家标志变辨辩。功能：了解国家标志出现的场合和时间，练就一双发现国家标志的慧眼。

三、未成年人保护资源区建设案例示例

（一）法治 VR 体验馆

具体功能：模拟火灾、地震、交通事故等虚拟的真实情形，通过高还原度的仿真训练及逃生演练，提高学生应急处置与自我保护的意识和能力。

展现形式：能产生震动、烟雾、气味、冷风、热风等体感及能支撑仿真应急训练及逃生演练的灾害及事故模拟体验系统。

（二）我是大法官竞赛游戏

具体功能：多维度检测学生学习法治知识的能力，全方位

检测学生法治知识的学习效果。

建设内容:30000 余道单选、多选题,从知识、意识、能力三个方面进行维度测评。可支持 30 万人同时在线竞赛(单队、双队、三队等),成绩数据存储在普法网平台。

展现形式:一体机、数台 32 寸电视。

(三)“小治快跑”游戏

具体功能:小治快跑体感游戏采用体感捕捉技术,利用体感交互系统,和虚拟卡通形象人物“小治”一起过关、躲避障碍物,了解法治常识,增强用法的能力,培养学生的法治意识。

展现形式:电视、体感器。

四、中外法治文化教育资源区建设案例示例

(一)法治时光隧道

具体功能:展现中外优秀法治故事,弘扬法治精神,通过动画和语音讲解的方式,在中外法治文化比较中展现中华法治文化的精髓,树立学生的法治文化意识,提升文化自信。

展现形式:触摸屏、灯箱。

(二)法治时光轴

具体功能:了解中外法制史上的重大事件,汲取古代法治文明,提升中华法治文化自信,从而增强学生在现实生活中发现法的能力。让学生了解中外法治历史,在中外法治历史比较

下，体会中华法治文化精髓，提升学生的中华法治文化自信。

建设内容：精选古今中外法治历史人物（包括中外法治进程中最有影响力的哲学家、法学家、改革家），学生可以通过直观了解法治历史故事（重大法治事件和中外经典法典、典故），缩短与古代法治文明之间的距离。

展现形式：触摸屏、灯箱。

（三）法治历史情景馆

具体功能：了解中外法制史上的重大事件，汲取古代法治文明，提升中华法治文化自信。通过全方位环绕式技术体验，缩短学生与中外法制史中的重要人物、事件之间的距离；增强学生在现实生活中的法治意识，提升学生对法律的现实运用能力；为学生营造法治历史氛围，感受法治文化的魅力。分阶段传递知识点，让学生对中外法治的起源与发展有更加具体的了解，对中外法治发展有更加系统的了解，提升学生的中华法治文化自信，提升学生民族法律文化自豪感和国际法律文化意识。

建设内容：法治时光隧道贯穿了中外 5000 年法治的进程，高度浓缩古今中外 60 个法治文化故事，营造出时光穿梭之感，使中西法治发展的进程更加立体而生动。其中包含中外法治进程中最有影响力的 14 位哲学家、法学家、改革家，16 个重大法治事件，囊括 30 部中外经典法典，采用浮雕、圆雕、刻字、油画等多种艺术手法，结合全息投影技术，绘制 200 张精美图片，制作 300 分钟法治视频，为学生讲解 200 个中外法治文化知识点。通过地面感应技术与学生进行互动，世界法治演变更加生动活泼。

(1)法之源

法之源部分采用实木、仿真泥土、写真喷绘等形式展示了古代中国司法鼻祖、古代西方先哲与著名改革事件，共呈现了与法律起源相关的30多个知识点。

(2)法之典

法之典部分结合实木、布艺、圆雕、浮雕、刻字、油画等多种手法，从中西第一部法律的成文开始介绍，共包括20个知识点。

(3)中华法

中华法部分高度浓缩了10个朝代，共计12部法律的更替与发展，不仅包括墙面铜制、实木、写真喷绘、刻字手法，更以全息投影技术生动地展示了中华法系之巅峰——大唐盛典。

(4)世界法

世界法部分介绍了世界两大最重要法系、4个具有代表性的国家以及6部对世界法律发展影响重大的法典，共包含45个知识点。

(5)近现代中国法

近现代中国法部分采取木板真石漆、喷绘等多种艺术表现方式，旨在重现近现代革命根据地场景。本区共介绍5部重要革命根据地区法律，共包含35个知识点。

(四)法治文化知识竞赛

具体功能：检测法治知识学习情况，竞赛双方智慧碰撞，享受竞赛带来的刺激和快乐。

展现形式:电视、答题器。

五、法治实践模拟区建设案例示例

具体功能:通过对真实庭审现场的还原,增强学生的参与感和体验感,体现法治教育的庄严性和神圣感,增强对法治的敬畏感和遵从感。

建设内容:模拟真实庭审现场,由审判人员居于中间位置,象征着法官居中裁判、公平公正裁决者的形象。由学生分角色参与演绎真实案例改编的剧本案例。通过悬挂国徽、配置法槌、穿着法袍等构建出法庭的权威性与庄严性,尽可能真实地还原庭审现场,使学生能够亲身感受到法庭严肃氛围,了解法律知识和法律程序,并在整个模拟庭审过程中得到真实的法治实践体验,了解尊法、守法、用法的意义。

六、法治资源教室(实践基地内)建设案例示例

实践基地内的法治资源教室应重点展示两部分内容:一是法治教育课程中难以体验、难以实践的部分;二是需要重点强调并深化的内容,如"宪法是根本大法"等知识点。同时,还可结合实际建设如交通法规、禁毒教室等专题法治资源教室。[1]

---

〔1〕 如福州市晋安区则徐中学禁毒教育基地,融入学校特色禁毒文化,打造出独具特色的法治文化名片。参见陈秀蓉、肖萱:《新形势下青少年法治宣传教育工作现状的调查与思考——以福建省福州市为例》,载《中国司法》2018年第10期。

第八章　法治资源教室（校园内）建设与配备方案

法治资源教室是微缩版、浓缩版的法治教育实践基地，法治资源教室借助数字化、智能化、信息化等技术手段，结合青少年喜闻乐见的形式，通过优质法治教育资源的共建共享，提升了法治教育的质量，也成为破解师资力量不足等突出问题的重要途径和有效举措。黑龙江省教育系统积极探索，为法治资源教室的标准化建设、规模化应用提供了有益经验和示范样板，值得总结和推广借鉴。为发挥示范引领作用，本书基于黑龙江省的实践经验，提炼出法治资源教室配备的基础配置推荐方案，供各地各校因地制宜参考借鉴。

一、政策及实践背景

教育部等七部门联合下发的《加强实践基地建设的意见》中明确，要整合利用实践基地的资源和技术优势，在有一定基础的中小学设立示范性的“法治教室”，使之具备法治教育基地的基本功能，承担辐射周边学校的任务。《教育部 2019 年工作要点》中将“法治教室”的概念升级为“法治资源教室”。近年来，教育部将“推动落实《青少年法治教育大纲》，加强青少年法治教育实践基地和法治资源教室建设”持续纳入年度工作要点。

法治资源教室丰富了法治教育的内容及形式，也成为学校法治教育的核心功能教室和主要阵地。从功能上看，法治资源教室一般包括法治课堂教学系统、校长教师法治培训系统、法治知识学习掌握的信息化互动装置等功能板块。各县（市、区）可根据区域内的学生数量具体确定法治资源教室的规模，以保障区域内学生法治教育实践教学需要。有条件的县（市、区）应重点在农民工子弟学校、乡村寄宿制学校等法治教育资源相对薄弱的学校设立法治资源教室，推进优质法治教育资源的共建共享，尤其是向薄弱地区、薄弱学校倾斜。

法治资源教室不仅具备法治教育实践基地的功能，示范性法治资源教室还承载了辐射、服务区域内所有中小学校法治宣传教育的任务，是落实校园法治宣传教育工作、建立健全青少年法治教育管理体系、推进法治教育常态化的重要阵地。

从全国调研情况来看，黑龙江省教育系统是全国规模化、规范化开展法治资源教室建设的“先行者”。2020 年，为深入贯彻落实教育部等七部门联合下发的《加强实践基地建设的意见》,推进依法治教、依法治理,黑龙江省教育厅发布《关于在全省推进设立示范性“法治教室”的通知》,决定在全省推进设立示范性法治资源教室工作,提出让每个学校配置一个“法治教室”,要求每个县(市、区)至少建设一个兼具互动性、实践性、趣味性的“法治教室”的目标任务,帮助学生掌握基础的法律知识,激发学生学习法律的热情,满足不同年龄段学生对法律知识、法治实践的需求。

二、法治资源教室推荐配备方案

法治资源教室推荐配备方案如表 8-1 所示。

表 8-1　法治资源教室推荐配备方案

类型	序号	产品	参　　数	数量	单位
资源包	1	学生法治资源包(小学版/中学版)	一、小学版: 1. 资源包小学版所含课程需包含小学 1—6 年级学生《道德与法治》学科教学配套的法治教育课程,且每个年级在线课程课时数≥10,总课时≥60。 2. 以上课程内容需由专业法学、教育学专家及法治教育专业教师团队联合研发,且需配备相应的教师指导手册≥60 套,课堂游戏配套教学用具≥20 套。 3. 资源包需涵盖宪法教育、民法典教育、未成年人保护 3 类法治教育功能,以生动、活泼的形式表现法律知识的法治动画≥250 分钟。	1	套

续表

类型	序号	产品	参　　数	数量	单位
			4. 资源包需包含中外法治文化教育功能的视频课程≥150 分钟。 5. 资源包需含支撑法治教育教师课堂教学的包含法律知识的互动游戏视频≥40 分钟。 6. 资源包需含随堂评价题目,即时考察课堂学习效果的课堂评价视频课程≥150 分钟。 二、中学版: 1. 课程资源包中学版需包含与7—8、10—11 年级学生《道德与法治》学科教学配套的法治教育课程,且每个年级课时数≥10,总课时≥40。 2. 以上课程内容需由专业法学、教育学专家及法治教育专业教师团队联合研发,且需配备相应的教师指导手册≥40 套,课堂游戏配套教学用具≥20 套。 3. 资源包需涵盖宪法教育、民法典教育、未成年人保护、中外法治文化等 4 类教育功能,从贴近学生日常生活的案例入手,以趣味性的演说方法向学生们传递学法、守法、用法的视频课程≥250 分钟。 4. 资源包需涵盖将课程知识与学生实践相结合,设置具有法治实践模拟及展现功能的模拟法庭、演讲、辩论、"擂台赛"等更深层次活动内容的视频课程≥30分钟。		

续表

类型	序号	产品	参　　数	数量	单位
			5. 资源包需涵盖评价本课所学内容效果、巩固法律知识的教学测评视频≥60 分钟。 6. 资源包需涵盖通过当前社会焦点，紧扣社会现象，关注身边的法律事件，以多人讨论的形式，共同探讨时下热议法律问题的视频课程≥360 分钟。		
	2	宪法知识竞赛题库	1. ≥20000 道法治知识题库。 2. 需含历届全国学生学宪法、讲宪法活动知识竞赛题目单选题。 3. 至少涵盖宪法教育专题、民法典教育专题、未成年人保护专题、中外法治文化教育专题、教育法及义务教育法等专题。 4. 至少分小学、初中、高中三个学段。	1	套
	3	宪法专题课资源包	1. ≥200 分钟视频课程资源。 2. ≥24 个不同主题。 3. 需以宪法核心，至少包括宪法的内容、宪法的历史沿革及发展、国家意识教育、公民基本权利与义务及新时代宪法的修订等内容。 4. 需至少通过动画、法学专家讲解等方式展示内容。	1	套
	4	民法典专题教育资源包	1. ≥200 分钟视频课程资源。 2. ≥24 个不同主题。	1	套

续表

类型	序号	产品	参　　数	数量	单位
			3. 以民法典教育为重点,至少包括民事主体平等、保护财产权利、维护人格尊严、促进家庭和谐、追究侵权责任等民法典原则;认知人格权、个人信息受法律保护、人身权、财产权、物权、债权、知识产权、继承权等权利;认知民法典中对未成年人这一弱势群体的特殊保护制度,建立起遇到侵害寻求学校、家庭帮助的观念;认知完全民事行为能力及民事行为法律责任等内容。 4. 配置高空抛物侵权赔偿规则、见义勇为免责规则、居住权、姓名权等新兴社会热点问题讨论。 5. 需至少通过动画、法学专家讲解等方式展示内容。	1	套
	5	未成年人保护与预防违法犯罪专题课程资源包	1. ≥200 分钟视频课程资源。 2. ≥5 个不同主题。包含但不限于《未成年人保护法》《预防未成年人犯罪法》、家庭教育、防校园欺凌及防网络沉溺等。 3. 需围绕青少年自我保护、违法与犯罪展开的主题讨论。 4. 至少通过问题讨论、互动留言、视频学习等方式展示内容。	1	套

续表

类型	序号	产品	参　数	数量	单位
软件及平台支持	6	法治教育课程教学系统	1. 教学系统需能安装于 Windows 操作系统,适用于普通学校课堂大屏幕教学。 2. 课堂教学系统课程视频需采用视频分布式编码技术,能切片视频提前缓存到本地,保障学校在低带宽下,多个班级同时上课,能流畅播放高清教学视频。 3. 系统需具备资源、软件实时更新的功能。视频资源可通过在线服务实时更新缓存到本地。软件可支持在线升级。 4. 课程教学系统需支持不同学段资源导入与分类,支持专题资源导入与教学播放等目录结构。能实现从云平台获取和更新资源、提交和上传数据的功能。	1	套
	7	宪法知识竞赛系统	1. 可检测学生法治知识学习成果,比拼法治知识。 2. 成绩与全国青少年普法网实时更新同步。 3. 具备测评反馈功能:学生学习过程中参与互动活动,实时答题,实时统计,实时检测学习结果。	1	套
	8	优质法治教育资源展示系统	1. 需汇集全国青少年普法网等重要平台的优秀法治教育资源。 2. 内容至少包括全国学生"学宪法 讲宪法"活动风采展示、在线法治知识学习、法治校园、互动留言等板块。	1	套

续表

类型	序号	产品	参数	数量	单位
	9	省级运营管理平台	1. 需对全省的法治资源教室教学情况进行监控、记录、编辑、分析。 2. 可为地方各级教育主管部门提供学生法治学习情况大数据分析报告及全国学生法治教育数据对比。	1	套
	10	体感互动游戏系统	1. 需含学生日常行为规范的知识点。 2. 可通过捕捉体验者的动作,经过计算机数据分析,同步实时操作三维场景中的人物的左右和上下跳动。	1	套
	11	中外法治故事展示系统	1. 需展示≥30 个中外法治故事。 2. 用户可学习相关的法治知识和法治故事,通过动画和音频的形式,互动地学习中外法治发展史。	1	套
硬件	12	86 寸触控一体机(含支架)	LED 背光,16:9,Windows/安卓双系统,金属外壳,内置扬声器,多点触摸,防蓝光,高色域。为方便教师使用与设备安装,前置接口至少具备 1 路 HDNI 接口,同时后置 1 路 Type – C 输入接口。为保证无线信号通畅,整机前面板需具备无线模块,至少包含 2.4G、5G 双频 WiFi 和蓝牙接发装置。	1	台

续表

类型	序号	产品	参　　数	数量	单位
	13	OPS 电脑多媒体单元套装	需满足 OPS 电脑和实时音视频的多媒体单元功能。采用插拔式模块电脑架构，接口严格遵循 Intel 相关规范，针脚数为≤80Pin，与大屏无单独接线。采用 Intel 第 8 代酷睿 I5 处理器(CPU 8400)、主频 2.8GHz、4G DDR4 笔记本内存、存储空间 128G SSD，并具有防震功能，具备独立非外扩展 6 个 USB 接口、HDMI ＊1、DP ＊1、RJ45 ＊1 满足教学拓展需求。多媒体单元一体化设计，支持拍照、摄像、镜头旋转、扫码、人脸识别等功能。拍摄图像分辨率支持 3840×2160，820 万像素。拍摄视频分辨率支持 4K，支持对角线视场角 12 度。麦克风采用双咪头阵列麦，拾音距离不低于 8 米。	1	个
	14	55 寸触控一体机(含支架)	LED 背光，16:9，Windows/安卓双系统，金属外壳，内置扬声器，多点触摸，防蓝光，高色域。	2	个
	15	OPS	OPS 处理器需为 RK3399，内存不低于 4GB，硬盘不低于 32GB，操作系统安卓:7.1，网络支持 LAN 10M/100M/1000M 标准，支持 WiFi，接口:HDMI＋USB，需与 55 寸触控一体机搭配使用。	2	台

续表

类型	序号	产品	参　　数	数量	单位
	16	多功能答题互动设备套装	包含答题器 50 个,答题接收器 1 个。可答题范围读取距离不小于 30 米。答题器具备多功能按键,配置智能统计软件。	1	套
	17	运营管理主机	处理器 RK3288 4 核,操作系统:安卓 5.1,内存≥2GB 内存+8GB 存储,摄像头 200w 双目动态,显示器全视角 ips8 寸。	1	台
	18	43 寸液晶电视机(含支架)	需为 43 寸,LED 电视,高清,16:9,立体声,HDMI 接口。	1	台
	19	体感器	需为 1080p 彩色相机,活动红外线功能,含适配器。	1	台
	20	体感游戏主机	需为 i5,≥4G 内存,Windows10 系统,含主机柜。	1	台
	21	宪法仪式宣誓台	实木宣誓台,需含青少年法治教育相关内容的宪法宣誓本 1 本。	1	个
	22	法治教育期刊	配备《青少年法治教育》等法治教育类期刊每月 1 期,一年 12 期,共 50 套。	50	套

附录1　实践基地各分区面积指标及占比参考表

（参考全国青少年学生法治教育实践示范基地、总建筑面积 5000m² 为例）

房屋用途	用房组成	面积（m²）	备注	比例
法治教育资源及教育功能区（一）	序厅（宪法仪式区）	400		37.4%
	法治剧场（展演区）	300		
	宪法体验馆（宪法教育资源区）	360	含中控室	
	法治历史情景馆（中外法治文化教育资源区）	500		
	模拟法庭（法治实践模拟区）	150		
	法治教室（法治资源教室）	80		
	法理教室（法治实践模拟区）	80		
	合计	建筑面积：1870		
法治教育资源及教育功能区（二）	法治接力赛（宪法教育资源区）	620		23.2%
	法治魔方（民法典教育及未成年人保护教育资源区）	250		
	大法官（宪法教育资源区）	160		

续表

房屋用途	用 房 组 成	面积(m²)	备注	比例
	法治 VR 体验馆(民法典教育及未成年人保护教育资源区)	130		
	合计	建筑面积:1160		
综合体验区	诚信馆(交流区)	150		6%
	公共休息区	150		
	合计	建筑面积:300		
管理保障用房	办公室	400	可根据实际情况上下浮动20%	33.4%
	会议室	100		
	接待室	70		
	设备用房	300	其他包含过道、服务台	
	其他	800		
	合计	建筑面积:1670		
共计		总建筑面积:5000		100%

附录2　国家级青少年法治教育实践基地场馆建设参考标准规范目录

序号	标准	代码	标准类别	发布单位
1	《博物馆建筑设计规范》	JGJ 66 – 2015	行业标准	住房和城乡建设部
2	《文化馆建筑设计规范》	JGJ/T 41 – 2014	行业标准	住房和城乡建设部
3	《科学技术馆标准化建设标准》	建标 101 – 2007	行业标准	住房和城乡建设部、国家发展和改革委员会
4	《无障碍设计规范》	GB 50763 – 2012	国家标准	住房和城乡建设部、国家质量监督检验检疫总局
5	《图书馆建筑设计规范》	JGJ 38 – 2015	国家标准	住房和城乡建设部
6	《公共信息图形符号》	GB/T 10001 – 2012	国家标准	国家质量监督检验检疫总局
7	《建筑与市政工程无障碍通用规范》	GB 55019 – 2021	国家标准	住房和城乡建设部

续表

序号	标准	代码	标准类别	发布单位
8	《中小学校设计规范》	GB 50099－2011	国家标准	住房和城乡建设部、国家质量监督检验检疫总局
9	《智慧校园总体框架》	GB/T 36342－2018	国家标准	国家市场监督管理总局、中国国家标准化管理委员会
10	《安全标志及其使用导则》	GB 2894－2008	国家标准	国家质量监督检验检疫总局、国家标准化管理委员会
11	《建筑设计防火规范》	GB 50016－2014（2018年修订）	国家标准	住房和城乡建设部、国家质量监督检验检疫总局
12	《建筑抗震设计规范》	GB 50011－2010（2016年修订）	国家标准	住房和城乡建设部、国家质量监督检验检疫总局
13	《建筑内部装修设计防火规范》	GB 50222－2017	国家标准	住房和城乡建设部、国家质量监督检验检疫总局
14	《建筑采光设计标准》	GB 50033－2013	国家标准	住房和城乡建设部、国家质量监督检验检疫总局
15	《建筑照明设计标准》	GB 50034－2013	国家标准	住房和城乡建设部、国家质量监督检验检疫总局

续表

序号	标准	代码	标准类别	发布单位
16	《绿色建筑评价标准》	GB/T 50378 – 2019	国家标准	住房和城乡建设部、国家市场监督管理总局
17	《室内空气质量标准》	GB/T 18883 – 2002	国家标准	国家质量监督检验检疫总局、卫生部、国家环境保护总局
18	《民用建筑工程室内环境污染控制标准》	GB 50325 – 2020	国家标准	住房和城乡建设部
19	《公共建筑节能设计标准》	GB 50189 – 2015	国家标准	住房和城乡建设部、国家质量监督检验检疫总局
20	《民用建筑隔声设计规范》	GB 50118 – 2010	国家标准	住房和城乡建设部、国家质量监督检验检疫总局

附录3　国家级青少年法治教育实践基地信息化建设参考标准规范目录

序号	标准	代码	标准类别	发布单位
1	《信息技术　安全技术　信息安全管理体系要求》	GB/T 22080－2016	国家标准	国家质量监督检验检疫总局、国家标准化管理委员会
2	《信息技术　安全技术　信息安全管理实用规则》	GB/T 22081－2008	国家标准	国家质量监督检验检疫总局、国家标准化管理委员会
3	《信息安全技术　网络安全等级保护基本要求》	GB/T 22239－2019	国家标准	国家市场监督管理总局、国家标准化管理委员会
4	《中小学、幼儿园安全技术防范系统要求》	GB/T 29315－2012	国家标准	国家质量监督检验检疫总局、国家标准化管理委员会
5	《视频安防监控数字录像设备》	GB 20815－2006	国家标准	国家质量监督检验检疫总局、国家标准化管理委员会

后　记

自2019年起，我有幸参加青少年法治教育研究工作，在这一“功在当代、利在千秋”的重要领域做了尝试研究和一些探索。其间，历经习近平法治思想的确立、《民法典》出台及所在单位教育部教育装备研究与发展中心事业单位机构改革（与中央电化教育馆整合组建教育部教育技术与资源发展中心），书稿研究撰写历时3年，限于能力水平总觉粗浅，数易其稿，终究顺利付梓。细数起来，得益于领导的悉心指导及各方同事的鼎力相助。

衷心感谢教育部政策法规司邓传淮司长、王家勤巡视员，正是由于教育部政策法规司对教育部装备中心的高度重视和信任、委托了相关课题任务，我才有机会参与青少年法治教育实践基地标准化建设及应用研究工作。在研究过程中，教育部政策法规司韩燕凤处长给予了我全面、细致、悉心的专业指导。

感谢时任教育部装备中心主任曹志祥、副主任赵宪志及陈琳处长。领导及同事们为研究工作提供了工作指导、专业支持及组织保障。

感谢全国青少年法治教育示范基地的建设管理方北京外国语大学贾德忠副校长带领的核心团队,张薇薇主任及厉峥老师、侯天斯老师等成员,为本研究提供了宝贵的示范基地相关数据、素材、方案等,为提取出可量化、可复制、可推广的标准化经验提供了"样板"和实践支撑。还要感谢和我一起开展研究的同事孙震、林瑁老师,研究初期最亲密的"战友",和我一起度过了研究过程中许多"挑灯夜战"、攻坚克难的时刻。

感谢和我同一处室的同事陈碧琦,她在推进研究及成果整理期间协助我做了大量的沟通协调工作。还要感谢中国人民大学法学院的硕士研究生陆涵之、汪君、刘煜峙、赵恬然、宋茜、黄思琪、路达、陶醉等同学在文献收集整理方面给予的诸多协助。

路漫漫其修远!未来青少年法治教育实践基地的建设和发展使命光荣、任重道远。本书的研究成果还很粗浅,在青少年法治教育实践基地标准化建设及应用方面的探索,实乃抛砖引玉,希冀能为青少年法治教育有所助力,或有所裨益,或引发一点思考,与全国从事法治教育事业的领导和同仁们一起共同推动青少年法治教育的技术与资源一体化发展贡献自己的微薄之力,则感荣幸之至,欣慰不已。

张　瑜

2023 年 1 月